ज्ञानं सर्वं सनातनं

कुछ मुख्य सनातन धर्म ग्रंथों का संक्षिप्त परिचय

डॉ0 सचिन मिश्रा

समर्पण

हमारे सनातन पितृ परंपरा को, मातृ परंपरा को, सभी गुरुजनों को, सभी शुभ चिंतकों को एवं सभी सनातन प्रेमियों को सादर समर्पित|

क्रम-सूची

क्रम-सूची

क्रम-सूची

क्रम-सूची

क्रम-सूची

प्रार्थना

ॐ भूर्भुवः स्वः तत् सवितुर्वरेण्यं।
भर्गो देवस्य धीमहि। धियो यो नः प्रचोदयात् ॥

∽

गुरुर्ब्रह्मा गुरुर्विष्णु गुरुर्देवो महेश्वरा
गुरुसाक्षात परब्रह्म तस्मै श्री गुरवे नमः

∽

गंगा तरंग रमणीय जटा कलापं
गौरी निरंतर विभूषित वाम भागं‌।
नारायण प्रियमनंग मदापहारं
वाराणसी पुरपतिं भज विश्वनाधम् ॥

∽

लेखक के बारे में

डॉ॰ सचिन मिश्रा (जिनका पूरा नाम डॉ. सचिन्द्र नाथ मिश्रा है) केंद्रीय प्रदूषण नियंत्रण केंद्र (सी॰पी॰ सी॰) के संस्थापक हैं, जो 2005 में वाराणसी में बायोमेडिकल वेस्ट प्रबंधन के लिए स्थापित एक साझेदारी फर्म है। बाद में, इस साझेदारी फर्म को कंपनी में बदला गया ताकि इसका व्यापार अन्य क्षेत्रों में विस्तार किया जा सके, जिसे सी॰ पी॰ सी॰ पॉवर इंडिया प्राइवेट लिमिटेड के नाम से जाना जाता है। इसका उद्देश्य वाराणसी को स्वच्छ शहर में परिवर्तित करने की थी, और 18 साल की मेहनत के बाद, उन्होंने वाराणसी को बायोमेडिकल वेस्ट के बहुत बड़े हिस्से से मुक्त कराने में सफलता हासिल की। आज उत्तर प्रदेश में सी॰पी॰ सी॰ पॉवर इंडिया प्राइवेट लिमिटेड बायोमेडिकल वेस्ट निपटान के क्षेत्र में अग्रणी कंपनियों में से एक है।

डॉ॰ सचिन मिश्रा की यात्रा 2005 में शुरू हुई जब बीमारियों जैसे डायरिया और डेंगू वाराणसी में फैल रही थीं, जो मेडिकल हब के रूप में विकसित हो रही थी। अस्पतालों से निकलने वाले अपशिष्ट लोगों के आवासीय क्षेत्रों में डंप हो रहे थे। जब उन्होंने बायोमेडिकल वेस्ट प्रबंधन के लिए सी॰ पी॰ सी॰ पॉवर इंडिया प्राइवेट लिमिटेड की नींव रखी, तो उन्हें कई सवालों का सामना करना पड़ा, लेकिन उन्होंने अपनी प्रतिबद्धता में दृढ़ता से खड़ा रहा। उनके प्रयासों के परिणामस्वरूप, वाराणसी में करीब 80-90% अस्पताल सी॰पी॰ सी॰ पॉवर इंडिया प्राइवेट लिमिटेड से जुड़े हुए हैं।

बायोमेडिकल वेस्ट प्रबंधन के अलावा, डॉ॰ सचिन मिश्रा ने कई अन्य सामाजिक और पर्यावरणिक मुद्दों में भी योगदान दिया है। उन्होंने 2020 में प्लास्टिक वेस्ट प्रबंधन के मुद्दे को समझने के लिए रीसाइक्लो पॉवर की स्थापना की और प्लास्टिक-मुक्त भारत अभियान से जुड़े रहे हैं। उन्होंने कई सरकारी और गैर-सरकारी संगठनों से संपर्क स्थापित किए हुए हैं ताकि वे अन्य विभिन्न सेवा क्षेत्रों में अपना योगदान दे सकें। उन्होंने मुफ्त भोजन कार्यक्रम, पर्यावरण संरक्षण, ठोस अपशिष्ट प्रबंधन, गरीबों के लिए रोजगार, खुशहाल विद्यालयों का निर्माण, चिकित्सा वितरण कार्यक्रम, पेयजल व्यवस्था, और रजाई वितरण आदि कई पहलों पर काम किया है। उन्होंने 5000 से अधिक पौधों को लगाया है और 70%

पौधों की सुरक्षा के लिए पेड़ रक्षकों को स्थापित किया है।

डॉ॰ सचिन मिश्रा सक्रिय रूप से खेल और खिलाड़ियों से भी जुड़े हुए हैं और उनकी समस्याओं को तेजी से हल करने का प्रयास करते हैं। वर्तमान में उन्होंने आशा बॉक्सिंग अकादमी और अन्य अकादमियों और क्लबों की देखभाल कर रहे है और उत्तर प्रदेश बॉक्सिंग एसोसिएशन के उपाध्यक्ष के रूप में अपने कर्तव्यों का निर्वहन करते हुए उनकी संरक्षण में लगे हुए हैं। वे निरंतर प्रयासरत हैं कि 50 से अधिक गरीब परिवारों के बच्चों को उच्च गुणवत्ता वाली प्रशिक्षण प्रदान करके उन्हें देश और विदेश में प्रतियोगिताओं में भाग लेने और अपने देश और शहर वाराणसी को पदक और मान्यता लाने की संभावना प्रदान कर सकें।

डॉ॰ सचिन मिश्रा के कार्यों को कई राष्ट्रीय और अंतरराष्ट्रीय संगठनों ने मान्यता दी और सम्मानित किया है। उन्हें अंतरराष्ट्रीय हिन्दी उत्सव सम्मान मिला है, जो कि मलेशिया, इंडोनेशिया, पोर्ट लुई मॉरीशस और दुबई में सम्पन्न हुआ है| वाराणसी में पर्यावरण प्रशस्ति पुरस्कार, ABP न्यूज चैनल अवाइर्स जैसे सम्मान जिन्हें संपादक श्री राज किशोर जी ने प्रदान किए हैं| उनके महान सेवा कार्य के लिए इंटरकॉन्टिनेंटल क्वालिटी अवार्ड द्वारा मुंबई में 2020 में उत्कृष्ट उद्यमी, 2021 में अनमोल रत्न, 2022 में आइकॉन ऑफ एशिया और 2022 में राष्ट्रीय गौरव सम्मान जैसे सम्मानों से सम्मानित किया गया है|

प्रस्तावना

लेखक की कलम से

"ॐ" श्री शरणं

माता पिता और गुरुजनों के आशीर्वाद से यह मेरी या कहें कि हमारी संस्था ब्रह्म राष्ट्र एकम् की प्रथम पुस्तक है। एक महान लक्ष्य को प्राप्त करने के लिए यह एक लघु लेकिन महत्वपूर्ण प्रयास है।

मैं भी आम लोगों की भांति आम सा जीवन व्यतीत कर रहा था। अपना व्यवसाय, अपना परिवार, अपने सगे संबंधी आदि आदि। सब ठीक चल रहा था लेकिन कुछ और करने के लिए २००५ में वाराणसी में बायो मेडिकल वेस्ट प्रबंधन के लिए एक साझेदारी फर्म की स्थापना की और बाद में इस फर्म को सी॰ पी॰ सी॰ पावर इंडिया प्राइवेट लिमिटेड में परिवर्तित कर दिया गया।

सी॰ पी॰ सी॰ में कार्य करते हुए मन में कुछ अलग विचारों ने जन्म लेना आरंभ किया और मैंने धीरे धीरे मानव जाति के उत्थान के लिए कार्य करना प्रारंभ कर दिया लेकिन अभी भी कोई कमी थी जो आत्मा को निरंतर सालती रहती थी।

साल २०१७ में मेरा परिचय मां कामाख्या शक्तिपीठ के श्री दशमहाविद्या साधक गुरुदेव श्री दिवाकर द्विवेदी जी से हुआ और मेरे जीवन में आध्यात्म की प्रथम किरण का प्रादुर्भाव हुआ।

आध्यात्म और भक्ति के मार्ग पर मैं धीमे धीमे आगे बढ़ रहा था और अपने अंदर एक नई चेतना को अनुभव कर रहा था।

माता पिता और गुरुजनों के आशीर्वाद से मैं नित नई सफलताओं को प्राप्त कर रहा था। (उन सभी सफलताओं के विषय में फिर कभी विस्तार से बताऊंगा) तभी मेरे जीवन का एक नया अध्याय या कहें कि एक नया लक्ष्य मेरे सम्मुख उपस्थित हुआ और हम सबने मिलकर ब्रह्म राष्ट्र एकम का पौधा सनातन धर्म की शक्ति के साथ वाराणसी की पावन भूमि में लगा लिया अब यह पौधा धीरे धीरे एक विशाल

वट वृक्ष का रूप ले रहा है।

यह पुस्तक इसी वृक्ष के प्रथम पुष्प के रूप में अपनी सुगंध आप सबके जीवन में भरने के लिए आपके समक्ष प्रस्तुत है।

इस पुस्तक के माध्यम से आप सनातन धर्म के मुख्य ग्रंथों के संबंध में विशेष जानकारी प्राप्त कर पाएंगे। इन ग्रंथों का अध्ययन, मनन व् चिंतन के उपरांत ही इस पुस्तक को लिखा गया है। फिर भी कोई त्रुटि रह जाती है तो प्रिय पाठकों से मैं करबद्ध क्षमा प्रार्थी हूं।

डॉ. सचिन मिश्रा
संस्थापकः ब्रह्मराष्ट्र एकम्, वाराणसी

वेद

वेद हैं ज्ञान की अमर पुस्तक, जो सत्य की प्रकाशमय ज्योति है।

1

वेद

वेद का अर्थ है विद्या यानि ज्ञान। हमारे ऋषियों ने अपनी आर्ष दृष्टि से जो ज्ञान प्राप्त किया उसका संग्रह वेदों में है। वेद का अन्य अर्थ है - होना, जानना, विचारना तथा प्राप्त करना। वेद ग्रन्थों द्वारा धर्म, अर्थ, काम तथा मोक्षरूपी पुरुषार्थ - चतुष्टय के अस्तित्व का बोध या ज्ञान प्राप्त होता है। वेद अनादिकाल से है या सृष्टि के प्रारम्भ से ही है। वेदों के रचनाकार के विषय में कोई भी निश्चित मत नहीं प्राप्त है| वेद उन्नति तथा प्रगति का मार्ग बताता है एवं दुष्कर्मों द्वारा होने वाले कुपरिणामों से कैसे बचा जा सकता है उसका उपाय बताता है। वेद के अर्थ में और भी ऐसे शब्द है जिनके प्रयोग किये जाते हैं जैसे : श्रुति, निगम, आगम, त्रयी, छन्दस, आम्नाय, स्वाध्याय।

1. श्रुति

गुरु परम्परागत पद्धति द्वारा वेद मंत्रों को शिष्य को पढ़ाते थे एवं शिष्य मंत्रों को सुन कर याद करते थे। शिष्य मंत्रों को याद करने में सही स्वर तथा सही उच्चारण करने में विशेष ध्यान देते थे अर्थात मंत्रों के स्मरण में स्वर एवं उच्चारण संबंधी कोई भी त्रुटि ना हो इस पर विशेष बल दिया जाता था।

2. निगम

साभिप्राय, सुसंगत और गंभीर अर्थ बताने के लिये 'निगम' कहा जाता है।

3. आगम

वेद एवं शास्त्र के लिए आगम शब्द का प्रयोग किया जाता है।

4. त्रयी

त्रयी का अर्थ है तीन वेद ऋक, यजुः एवं साम वेद। अथर्ववेद भी त्रयी के अंतर्गत ही आता है (मीमांसा सूत्र 2.1.35-37)

5. छन्दस्

छंद का अर्थ है : ढकना अथवा आच्छादित करना। पद्यात्मक रचनाओं को छन्द कहा जाता है। "छन्दस्" वेद का पर्यायवाची नाम है। सामान्यतः वर्णों और मात्राओं की गेय-व्यवस्था को छन्द कहा जाता है। इसी अर्थ में पद्य शब्द का भी प्रयोग किया जाता है।

6. आम्नाय

आम्नाय का अर्थ है चारों वेदों को जानने वाला। आम्नाय वेदों के प्रत्येक दिन अभ्यास करने हेतु बल देता है।

7. स्वाध्याय

स्वाध्याय शब्द स्व यानी आत्मा के बारे में चिंतन एवं सदैव अभ्यास पर बल देता है।

2

वेदों का महत्व

आर्यधर्म की आधारशिला वेद है। धर्म को जानने एवं समझने हेतु वेद ही एक मात्र साधन है। मानव के सभी कर्तव्यों का निर्देशन वेदों में है। जीवन के लक्ष्य मोक्ष, निष्काम भाव से कर्म को करना, परमात्मा सभी जगह है, ज्ञान, देवता एवं पुनर्जन्म में विश्वास इत्यादि का ज्ञान वेद से ही होता है। वेदों को अनेकों दृष्टियों से महत्वपूर्ण माना जाता है जैसे :

धार्मिक महत्व

शास्त्रीय महत्व

आचार-संहिता महत्व

सामाजिक महत्व

आर्थिक महत्व

वैज्ञानिक तत्त्व

काव्यशास्त्रीय तथा साहित्यिक महत्व

राजनीतिक महत्व

भाषावैज्ञानिक महत्व

ऐतिहासिक महत्व इत्यादि।

वेद के अध्ययन का महत्व सम्पूर्ण धरा के दान से भी अधिक बढ़ कर बताया गया है। प्रतिदिन वेद के अध्ययन से प्राण, ऐश्वर्य, समृद्धि, अन्न आदि प्राप्त होने का वर्णन किया गया है।

सुमंत्र विचार

वाणी रसवती यस्य, यस्य श्रमवती क्रिया ।
लक्ष्मी : दानवती यस्य, सफलं तस्य जीवितं ।।

जिस मनुष्य की वाणी (बोली) मीठी है, जिसका कार्य परिश्रम (मेहनत) से युक्त है, जिसका धन, दान करने में प्रयुक्त होता है, उसका जीवन ही सफल है।

3

वैदिक साहित्य का वर्गीकरण

सुविधा की दृष्टि से वैदिक साहित्य को निम्नवत चार भागों में बांटा गया है :

1. वेदों की संहिताएं

2. ब्राह्मण ग्रंथ

3. आरण्यक ग्रंथ

4. उपनिषद्

1. वेदों की चार संहिताएँ हैं

ऋग्वेद संहिता, यजुर्वेद संहिता, सामवेद संहिता एवं अथर्ववेद संहिता। (मंत्र भाग को संहिता कहा जाता है)।

2. ब्राह्मण ग्रंथ:

वैदिक कर्मकांड के अन्तर्गत वेद तथा ब्राह्मण ग्रंथ आते है। विविध प्रकार के यज्ञों को पूरी करने की प्रक्रिया कर्मकांड द्वारा ही होता है| यज्ञ हेतु कर्मकांड से जुड़े सभी मंत्रों की जानकारी ब्राह्मण ग्रंथ में विस्तार रूप से वर्णित हैं।

3.आरण्यक ग्रंथ एवं 4. उपनिषद:

आरण्यक ग्रंथ तथा उपनिषद, ज्ञानकाण्ड के तहत आते है। यज्ञ क्रियाओं की आध्यात्मिक व दार्शनिक व्याख्या आरण्यक ग्रंथ में की गई है। इसी आध्यात्मिक व्याख्या द्वारा उपनिषद की सृष्टि मानी जाती है। इनमें ब्रम्ह, परमात्मा, प्रकृति, जीव, मोक्ष, आदि का वर्णन है।

5. वेदांग- विस्तृत जानकारी अगले अध्याय में हैं – वेद के अंगों को वेदांग कहा जाता है|

सुविचार

अष्टौ गुणा पुरुषं दीपयंति प्रज्ञा सुशीलत्वदमौ श्रुतं च।
पराक्रमश्चबहुभाषिता च दानं यथाशक्ति कृतज्ञता च॥

अर्थात् : आठ गुण मनुष्य को सुशोभित करते है – बुद्धि, अच्छा चरित्र, आत्म-संयम, शास्त्रों का अध्ययन, वीरता, कम बोलना, क्षमता और कृतज्ञता के अनुसार दान।

4

वेद के रचयिता

वेद अपौरुषेय है। जिस प्रकार लोकानुग्रह के लिए परमात्मा ने सूर्य, चंद्रमा, वायु, जल, प्रकृति इत्यादि दिए हैं ठीक उसी प्रकार मानवजाति के मार्गदर्शन हेतु वेदों का ज्ञान सर्वसिद्ध महाऋषियों को दिए हैं| अतः कोई ऋषि अथवा व्यक्तिविशेष वेद का रचयिता नही है। वेद परमात्मा द्वारा प्राप्त है और जिन ऋषियों ने जिन मन्त्रों का साक्षात्कार किया एवं प्रचार किया, उस मंत्र के साथ स्मृतिचिन्ह रूप में उनका नाम रख दिया गया।

परमात्मा ने अग्नि-ऋषि को ऋग्वेद, वायु-ऋषि को यजुर्वेद, आदित्य-ऋषि को सामवेद तथा अंगीरा ऋषि को अथर्ववेद का ज्ञान दिया|

वेद विश्व के आधार भूत ईश्वर से प्रादुर्भूत हुए। (अथर्व॰ 10.7.20)

चारों वेद उस ब्रम्ह के श्वास - रूप हैं। (शतपथ ब्रा॰ 14.5.4.10 एवं बृहदा॰ उप॰ 4.5.11)

सृष्टि के प्रारंभ में ब्रम्हा उत्पन्न हुए एवं परमात्मा ने उनके लिए वेदों का ज्ञान प्रकट किया। (श्वेताश्वतर उप॰ 6.18)

परमात्मा ने अग्नि, वायु एवं सूर्य के द्वारा नित्य ऋक, यजुः एवं सामवेद को प्रकट किया। (मनुस्मृति 1.23)

वेद मनुष्यकृत है, जैसे कालिदास आदि के ग्रंथ।(मीमांसा सुत्र 1.1.27)

❧

सुविचार

आयुषः क्षण एकोऽपि सर्वरत्नैर्न न लभ्यते।
नीयते स वृथा येन प्रमादः सुमहानहो ॥

अर्थात् : सभी कीमती रत्नों से कीमती जीवन है जिसका एक क्षण भी वापस नहीं पाया जा सकता है। इसलिए इसे फालतू के कार्यों में खर्च करना बहुत बड़ी गलती है।

❧

वेदों का आदर्श हैं विश्ववाद, जो हमें सबको स्वीकारने और प्यार करने की प्रेरणा देता है।

5

चतुर्वेद

ऋग्वेद :

सबसे प्राचीन एवं प्रथम वेद है। ऋग्वेद का मूल विषय 'ज्ञान' है तथा ईश्वर की स्तुति आदि का वर्णन है एवं मंत्रों की सं० 10627 है।

यजुर्वेद :

इस वेद में कार्य तथा यज्ञ की प्रक्रिया के बारे में वर्णन है या कह सकते हैं कि क्रिया एवं समर्पण का वर्णन है। इसमें कुल 1975 गद्यात्मक मंत्र हैं।

सामवेद :

सामवेद का विषय उपासना है तथा संगीत में गाने हेतु संगीतमय मन्त्रों का वर्णन है। इसमें कुल 1875 संगीतमय मंत्र है।

अथर्ववेद :

अथर्ववेद के गुण, धर्म, आरोग्य एवं यज्ञ आदि विषय का वर्णन है। इस वेद में कवितामयी मंत्र है जिनकी संख्या 5977 है।

6

वैदिक- साहित्य का सामान्य परिचय

वेद के विषय में ज्ञान-सामग्री का जो बोध कराता है वह वैदिक साहित्य है। वैदिक साहित्य को सरल रूप से समझने हेतु ही इसे चार भागों में बाँटा गया है:-

वेदों की संहितायें, ब्राम्हण, आरण्यक तथा उपनिषद् | इन चार भागों के साथ ही वेदांगों को भी वैदिक साहित्य के अंतर्गत बांटा जाता है। इनके साथ- साथ वेदों के सम्पूर्ण रूप से अनुशीलन हेतु प्रातिशाख्य, धर्मशास्त्र इत्यादि अनेक ग्रंथ एवं चारो वेदों के उपवेदों का भी अध्ययन करना अति-आवश्यक है।

अतः वैदिक साहित्य हिन्दू धर्म के अतिप्राचीन स्वरूपों को जानने समझने हेतु विश्व का प्राचीनतम स्त्रोत माना जाता है। वैदिक साहित्य को ऋषियो ने श्रवण-परम्परा के माध्यम से ही ग्रहण किया था।

7

वैदिक संहितायें

वेद के मंत्र भाग जो मुख्य हैं उन्हें संहिता कहा जाता है। 'संहिता' शब्द का तात्पर्य संग्रह से है। संहिता मंत्रों के वो भाग हैं जिसका अध्ययन विशेष रूप से प्रत्येक दिन किया जाता है।

इस संहिता में देव-स्तुति का वर्णन पाया जाता है तथा संहिताओं के पाठ में अनेक अक्षर, स्वर, वर्ण इत्यादि पर विशेष बल दिया जाता है। इनकी भाषा वैदिक संस्कृत है। चार वेदों को ही चार संहिताएं कहा जाता है तथा इन चारों संहिताओं अर्थात चारों वेदों की अपनी अलग- अलग शाखाएं भी है।

यहाँ चार वेद या चार संहिता का संक्षेप्त में सामान्य परिचय दिया जा रहा है जो निम्नवत है :

1. ऋग्वेद - संहिता,
2. यजुर्वेद - संहिता,
3. सामवेद - संहिता,
4. अथर्ववेद - संहिता

(अगले अध्यायों में हर संहिता का संक्षिप्त परिचय दिया हुआ है|

8

ऋग्वेद - संहिता

ऋक् अथवा ऋच् का अर्थ 'स्तुति परक मंत्र' है तथा इन मंत्रों द्वारा विभिन्न देवों की स्तुति की जाती है, अतः इन्हें ऋक् या ऋच् या ऋचा कहा जाता है। ऋग्वेद में विभिन्न देवों की स्तुति इन मंत्रों द्वारा तो की ही जाती हैं साथ ही इन मंत्रों द्वारा देवों का आवाहन भी किया जाता है।

भारतीय एवं पाश्चात्य सभी विद्वान ऋग्वेद को विश्व का सबसे प्राचीन ग्रंथ मानते हैं। चारों वेदों में सबसे अधिक महत्वपूर्ण तथा आदरणीय वेद ऋग्वेद को ही माना जाता है। ऋग्वेद भाव भाषा तथा छन्द के दृष्टि से सबसे प्राचीनतम एवं चारों वेदों में सबसे विशाल ग्रंथ है।

ऋग्वेद में 10 मण्डल, 1020 सूक्त* तथा 10627 मंत्र है। (मंत्र की संख्या को लेकर विद्वानों में कुछ मतभेद है) कही मन्त्रों की संख्या 10580 है तो कहीं 10552 है)

सूक्त - (वेद मंत्रो के समूह को कहा जाता हैं, जिसमें एक दैवत्व एवं एकार्थ का ही प्रति पादन है।)

मृत्युंजय मंत्र (7/59/12) तथा गायत्री मंत्र (3/62/10) का वर्णन ऋग्वेद में ही दिखाई देता है तथा ऋग्वेद में अनेकों लोकोपयोगी - सूक्त, तत्वज्ञान-सूक्त, संस्कार-सूक्त एवं रोग निवारण-सूक्त का वर्णन किया गया है।

९

यजुर्वेद - संहिता

यजुर्वेद को यजुष, यजुस्, यजु: शब्द भी कहा गया है क्योंकि यजुस् नाम पर ही वेद का नाम यजुर्वेद बना है।

(यजुस + वेद = यजुर्वेद) – यज का अर्थ होता है 'समर्पण'।

पदार्थ (जैसे ईंधन, घी इत्यादि) योग, कर्म (सेवा, तर्पण) इन्द्रिय निग्रह, श्राद्ध आदि के हवन को समर्पण की क्रिया कहते हैं | इसमें 3988 मंत्रों का वर्णन है। यज्ञ से सम्बन्ध मंत्रों को यजुष अथवा जिन मंत्रों से यज्ञ किया जाता है, उन्हें यजुष कहते हैं। यजुर्वेद का यज्ञों के कर्मकांड से सीधा संबंध है इसलिए इसे 'अध्वर्युवेद' भी कहते हैं।

यजुर्वेद आर्यों के सामाजिक व धार्मिक जीवन एवं वर्ण व्यवस्था, वर्णाश्रम आदि पर प्रकाश डाला गया है। वैदिक कालीन धर्म के कर्मकांड आयोजन के लिए यज्ञ हेतु मंत्रों का संग्रह यजुर्वेद में है।

इसमें अग्निहोत्र, अश्वमेध, वाजपेय, सोमयज्ञ, राजसूय, अग्निचयन जैसे कर्मकांड के कई यज्ञों के बारे में वर्णन है। यजुर्वेद की दो शाखायें हैं एक है शुक्ल यजुर्वेद तथा दूसरा है कृष्ण यजुर्वेद।

10

शुक्ल यजुर्वेद - आदित्य सम्प्रदाय

शुक्ल यजुर्वेद हिन्दू धर्म के सबसे प्राचीन और पूज्य पाठों में से एक है। यह वेदिक अनुष्ठानों में प्रयुक्त पवित्र छंद और रीतिरिवाजों का संकलन है। यजुर्वेद की इस शाखा को कृष्ण यजुर्वेद की काव्यिक शैली के विपरीत गद्य प्रारूप के लिए जाना जाता है। शुक्ल यजुर्वेद धार्मिक अनुष्ठानों में किए जाने वाले अनुष्ठानों, प्रार्थनाओं और बलियों पर केंद्रित है, जिससे व्यक्ति और दिव्य के बीच संबंध को बढ़ावा मिलता है।

यह गहन दार्शनिक अवधारणाएं और नैतिकता, आध्यात्मिकता, और आत्मसाक्षात्कार पर शिक्षाएं समेत है। शुक्ल यजुर्वेद हिन्दू परंपरा में आध्यात्मिक विकास और समझ की खोज करने वालों के लिए एक मूल्यवान ज्ञान और मार्गदर्शन स्रोत है।

यजुर्वेद की यह शुक्ल शाखा उत्तर भारत मे प्रचलित है। शुक्ल यजुर्वेद में यज्ञों से जुड़े विशुद्ध मंत्रात्मक भाग है, इसमें व्याख्या, विवरण तथा विनियोगात्मक भाग नही है।

अतः ये मंत्र इसी रूप में यज्ञों में पढ़ते हैं। विशुद्ध तथा परिष्कृत के कारण इसे (स्वच्छ या अमिश्रित शुक्ल यजुर्वेद कहते हैं। इसी आधार पर शुक्ल यजुर्वेद के परायणकर्ता ब्राह्मणों को "शुक्ल" नाम दिया है।

सुमंत्र विचार

काक चेष्टा, बको ध्यानं, स्वान निद्रा तथैव च।
अल्पहारी, गृहत्यागी, विद्यार्थी पंच लक्षणं।।

भावार्थ: एक विद्यार्थी के पांच लक्षण होते हैं। कौवे की तरह हमेशा कुछ नया जानने की प्रबल इच्छा। बगुले की तरह ध्यान व एक्राग्रता। कुत्ते की जैसी नींद, जो एक आहट में भी खुल जाए। अल्पाहारी मतलब आवश्यकतानुसार खाने वाला और गृह-त्यागी।

11
कृष्ण यजुर्वेद - ब्रह्म सम्प्रदाय

कृष्ण यजुर्वेद, यजुर्वेद की एक शाखा है जो चार प्राचीन हिन्दू शास्त्रों में से एक है। यह काव्यात्मक शैली और गहन दार्शनिक शिक्षाएं के लिए जाना जाता है। इस वेद का मुख्य फोकस यज्ञों, पूजाओं और स्तुतियों पर होता है जो धार्मिक आयोजनों के दौरान प्रदर्शित किए जाते हैं।

कृष्ण यजुर्वेद विभिन्न यज्ञों के संबंधित मंत्रों के लिए मार्गदर्शन और जाप उपलब्ध कराता है, जिनमें अग्नि यज्ञ सम्मिलित होते हैं। यह आध्यात्मिक संबंध और दैवीय संयोग की महत्वता पर जोर देता है। पाठ संगठित और सुव्यवस्थित है, जिससे यह विद्यार्थियों और अभ्यासकर्ताओं के लिए सुलभ होता है। कृष्ण यजुर्वेद वैदिक परंपरा को संरक्षित रखने और स्वयं-प्रकाश की मार्ग में आत्मिक ज्ञान को देने में महत्वपूर्ण भूमिका निभाता है। यजुर्वेद का यह कृष्ण शाखा दक्षिण भारत में प्रचलित है। कृष्ण यजुर्वेद में मंत्रों के साथ - साथ ही व्याख्या एवं विनियोग वाला अंश भी मिला हुआ (मिश्रित) है।

अतः इसे कृष्ण (अस्वच्छ या मिश्रित) यजुर्वेद कहते हैं। इसी आधार पर कृष्ण यजुर्वेद के परायणकर्ता ब्राह्मणों को "मिश्र" नाम दिया है।

12

सामवेद - संहिता

सामन् या साम का अर्थ होता है गीता युक्त मंत्र । जब मंत्र गीति के रूप में प्रस्तुत करते हैं तो उसे साम कहते हैं। सा (ऋचा) + अम (गीति) = साम (सामन्)। सामवेद में मंत्रो की संख्या 1875 है। सामवेद गीत प्रधान है, यज्ञ या हवन अथवा अनुष्ठान के समय सामवेद के मंत्र गाये जाते हैं। श्रीकृष्ण ने गीता में सामवेद को सबसे ऊँचा स्थान दिया और सामवेद को परमात्मा का रूप माना है।

सामगान के बिना यज्ञ पूरा नहीं होता तथा जो सामवेद को जानता है, वही वेद के रहस्यों को जान पायेगा। सामवेद के विभिन्न मंत्रों के विधिपूर्वक जप आदि द्वारा रोग व्याधि मुक्त, कामना सिद्धि हो जाती है। सामवेद तीन योगों से युक्त त्रिवेणी है; ज्ञानयोग, कर्मयोग और भक्तियोग। सामवेद से ही सभी स्वर, ताल, लय, छन्द, गति, मंत्र, स्वर चिकित्सा, राग, नृत्य मुद्रा एवं भाव इत्यादि निकलते हैं, इस तथ्य को आधुनिक विद्वान् भी मान चुके हैं।

आधुनिक वैज्ञानिकों को कई ऐसे सत्य का ज्ञान अब हुआ है जिसका वर्णन सामवेद के मंत्रों में वर्णित है जैसे चंद्र के मण्डल में सूर्य की किरणें विलीन होकर उसे प्रकाशित करती हैं।

सामगान करने वाले को 'सामग' कहते हैं। शुद्ध मन से सामगान सभी देवों को आकृष्ट करता है। सामगान देव-स्तुति एवं देवों को प्रसन्न करने का सर्वोत्तम मार्ग है। सामवेद में स्वरों का वर्णन पहले ही वर्णित है जो आधुनिक हिंदुस्तानी संगीत में सा - रे – ग – म - प - ध - नि के नाम से जाना जाता है। वैदिक काल में

वीणा, दुंदभि, तुरभ, नादी बांकुरादि कई अनेक वाद्य यंत्रों का विशेष रूप से उल्लेख सामवेद के मंत्रो में किया गया है।

सुविचार

आरम्भगुर्वी क्षयिणी क्रमेण, लघ्वी पुरा वृद्धिमती च पश्चात्।
दिनस्य पूर्वाद्र्धपराद्र्धभिन्ना, छायेव मैत्री खलसज्जनानाम्॥

अर्थात् : दुर्जन की मित्रता शुरुआत में बड़ी अच्छी होती है और क्रमशः कम होने वाली होती है। सज्जन व्यक्ति की मित्रता पहले कम और बाद में बढ़ने वाली होती है। इस प्रकार से दिन के पूर्वार्ध और परार्ध में अलग-अलग दिखने वाली छाया के जैसी दुर्जन और सज्जनों व्यक्तियों की मित्रता होती है।

13

अथर्ववेद-संहिता

अथर्ववेद या अथर्वन एक ही है। अथ+अर्वाक् = अथर्वा। वह वेद जिसमें आत्मा को स्वयं के भीतर देखने की विद्या का उपदेश हो वह अथर्ववेद है। अथर्ववेद योग साधना, ब्रहम की प्राप्ति एवं चित्त वृती निरोध आदि विषय से जुड़ा हुआ माना जाता है।

अथर्ववेद में 6000 ऋचाओं का वर्णन है एवं देवों की स्तुति, चिकित्सा, विज्ञान तथा दर्शन आदि के मंत्रों का विस्तार है। अथर्ववेद को ब्रहम वेद भी कहा जाता है तथा इसमें ब्रहम उपासना से जुड़े अनेकों मंत्र हैं।

आयुर्वेद की दृष्टि से यह वेद अत्यंत महत्वपूर्ण है क्योंकि इसमें आयुर्वेदिक चिकित्सा पध्दतियों का अनेक प्रकार से वर्णन किया है। असंख्य जड़ी-बूटियों, गंभीर से गंभीर रोगों का उपचार, शल्यचिकित्सा, कृमियों से उत्पन्न होने वाले रोगों का विवेचन, मृत्यु को दूर करने के उपाय, वनस्पति विद्या, प्रजनन-विज्ञान, मोक्ष, खगोल व भूगोल इत्यादि अनेकों विषयों का निरूपरण जो लोक उपकारक हैं वह इस अथर्ववेद में किया गया है।

अथर्ववेद चारों वेदों में आखिरी यानी चौथे स्थान पर आता है। यह बाद का वेद है किन्तु सबसे महत्वपूर्ण है क्योंकि ब्रहम वेद यही वेद है, जहाँ ब्रहम है, वहाँ अथर्वा है। यह वेद व्यापक है एवं यह केवल कर्मकांड तक ही सीमित नहीं है बल्कि आध्यात्मिक, दार्शनिक, सामाजिक, आर्थिक, शिक्षा व विज्ञान, अभिचार कर्म, आयुर्वेद आदि अनेकों संदर्भ में वर्णित हैं। अथर्ववेद गागर में सागर के समान है।

अथर्ववेद के पाँच उपवेद जिनमें (1) सर्पवेद (2) पिशाच वेद (3) असूरवेद (4) इतिहास वेद (5) पुराण वेद का उल्लेख प्राप्त होता है।

सुविचार

परान्नं च परद्रव्यं तथैव च प्रतिग्रहम्।
परस्त्रीं परनिन्दां च मनसा अपि विवर्जयेत।।

अर्थात् : पराया अन्न, पराया धन, दान, पराई स्त्री और दूसरे की निंदा, इनकी इच्छा मनुष्य को कभी नहीं करनी चाहिए|

वेदांग

वेदों की मन्त्रशक्ति हैं अद्वैत का ज्ञान, जो हमें आपसी एकता की ओर ले जाती है।

14

वेदांग

वेद के अंग को वेदांग कहते है। वेदांग द्वारा वेदों के वास्तविक अर्थ तथा वेदों में निहित रहस्य को जानने हेतु सहायक तत्व प्राप्त होते हैं| ये वेदांग 6 प्रकार के है - शिक्षा, व्याकरण, कल्प, छंद, निरुक्त, ज्योतिष।

शब्दों का शुद्ध उच्चारण किस प्रकार करें इसके लिए 'शिक्षा ग्रंथ' की रचना की गई।

शब्दों का व्युत्पत्ति - लभ्य अर्थ क्या है? उदात्त इत्यादि स्वर क्या है? इसके लिए 'व्याकरण व प्रातिशाख्य' ग्रन्थ की रचना की गई।

वेदों में छन्द की रचना तथा उच्चारण इत्यादि के लिए 'छन्द' की रचना की गई।

शब्द बने कैसे? उसका मूल अर्थ क्या है? परिभाषिक अर्थ क्या है? इसके ज्ञान के लिए 'निरुक्त या निर्वचन शास्त्र' की रचना की गई।

प्रत्येक यज्ञ विधि, यज्ञ हेतु आवश्यक सामग्री, यज्ञ में मंत्र कौन सा पढ़ें? मंत्र पाठ हेतु कितने पंडित हो? वेदी का आकार, स्वरूप आदि अनेक छोटे-बड़े निर्देशन हेतु 'कल्प ग्रन्थ' की रचना की गई।

यज्ञ कब? शुभ मुहूर्त कब? पूर्णिमादि दिन कब पड़ रहे? आदि ज्ञान हेतु 'ज्योतिष शास्त्र' की रचना की गई।

अतः मंत्र के सही एवं शुद्ध उच्चारण करने के लिए बल दिया जाता है यदि स्वर, वर्ण, अर्थ में थोड़ी भी त्रुटि होगी तो वह अर्थ का अनर्थ हो जाता है। इसलिए वेदों के स्वर वर्ण एवं अर्थ इत्यादि के स्पष्ट ज्ञान के लिए वेदांग अनिवार्य है। इन छः वेदांगों को वेद पुरुष के छः अंग के रुप में बताया गया है।

1. वेद पुरुष के पैर - छन्द

2. वेद पुरुष के हाथ - कल्प

3. वेद पुरुष के मुख्य - व्याकरण

4. वेद पुरुष के नाक - शिक्षा

5. वेद पुरुष के कान - निरुक्त

6. वेद पुरुष के आँख - ज्योतिष

‌౭౨

15

शिक्षा

शिक्षा - (वेद पुरुष का नाक)

जिसमें स्वर तथा वर्ण इत्यादि के सही उच्चारण की शिक्षा दी जाती है उसे शिक्षा कहते हैं। स्वर कितने हैं और किस स्वर का कैसे उच्चारण करना है, वर्ण के उच्चारण का स्थान क्या है, वर्ण का विभाजन किस रूप में तथा कितने प्रयत्न है इत्यादि का वर्णन शिक्षा में किया गया है।

शिक्षा में वर्ण, स्वर, मात्रा, बल, साम तथा संताप इन छः अंगों का उल्लेख किया है। शिक्षा ग्रंथ 35 उपलब्ध हैं जिसमें मंत्रों के उच्चारण इत्यादि का विस्तारपूर्वक वर्णन किया गया है।

कुछ "शिक्षा सूत्र" में आपिशालि, पाणिनि एवं चन्द्रगोमी के शिक्षासूत्र हैं तथा इसमें ध्वनि-विज्ञान (phonology) से जुड़े अनेकों ही महत्वपूर्ण बिंदु प्राप्य हैं।

वेदों की अनंत ज्ञान बिंदु हैं, जो हमें सत्य की प्रकाशमय ज्योति में ले जाते हैं।

∽

16

व्याकरण

व्याकरण - (वेद पुरुष का मुख)

व्याकरण, वेदांग का एक हिस्सा है, जो संस्कृत भाषा की व्याकरण के अध्ययन से संबंधित है। इसमें भाषा के नियम और तत्वों का समावेश है, जिसमें ध्वनि विज्ञान, रूप विज्ञान और वाक्य व्याकरण शामिल है।

व्याकरण वेदों और अन्य प्राचीन ग्रंथों को सही तरीके से समझने के लिए अवश्यक है। व्याकरण के विकास में व्याकरणाचार्य पाणिनि को सबसे महत्वपूर्ण व्यक्ति माना जाता है। उन्होंने अष्टाध्यायी नामक एक विस्तृत और पद्धतिपूर्ण संस्कृत व्याकरण का सृजन किया। व्याकरण वेदिक ग्रंथों की सही उच्चारण, भौद्धिकता और अर्थ को सुरक्षित रखने में महत्वपूर्ण भूमिका निभाता है।

इससे विद्वानों और रिसर्चर्स को प्राचीन ग्रंथों में समाहित गहरे ज्ञान को व्याख्यात और व्याख्यानित करने की क्षमता प्राप्त होती है। व्याकरण के अध्ययन से एक व्यक्ति को संस्कृत व्याकरण के गंभीरता और उसके महत्व की गहराई का समझ मिलता है।

17

निरुक्त

निरुक्त - (वेद पुरुष का कान)

निरुक्त को वेद का आत्मा कहते हैं। निरुक्त का कार्य शब्द के मूल रूप का ज्ञान कराना, प्रकृति प्रत्यय का स्पष्टीकरण कराना, समानार्थक तथा नानार्थक शब्दों का विवेचन इत्यादि कराना है। यह वेद पुरुष का कान भी कहलाता है।

निरुक्तं, वेदांग का एक महत्वपूर्ण अंग है, जो संस्कृत भाषा के शब्दों की व्याख्या और निरूपण के अध्ययन से संबंधित है। इसे पाणिनि का शिष्य यास्क ने विकसित किया था। निरुक्तं वेद मंत्रों और पदों के अर्थ को समझने और व्याख्या करने के लिए महत्वपूर्ण है। इस अंग में विभिन्न शब्दों के अर्थ, उच्चारण, रूप और व्याकरण के संबंध में विस्तृत विचार प्रस्तुत होते हैं। निरुक्तं वेदवाणी के प्राचीनतम भागों में से एक है और वेदों के गहन रहस्यों को समझने के लिए महत्वपूर्ण स्रोत है।

18

छन्द

छन्द - (वेद पुरुष का पैर)

छन्द का अर्थ छद् यानि (ढकना) धातु से बना है। छन्द भावों को ढककर उसे समष्टिरूप प्रदान करता है, जिससे छन्द गेय एवं सुपाठ्य हो जाता है। छन्द को वेद पुरुष का पैर माना जाता है, जो स्थिरता को प्रदान करता है जैसे हमारे शरीर को पैर स्थिरता प्रदान करता है। ये छन्द वेदों के आवरण हैं तथा छन्द द्वारा ही गायत्री आदि छन्द की रचना का ज्ञान होता है।

(छंदः), जो वेदांग का हिस्सा है, वेदीय छंदों और काव्यिक ढंगों के अध्ययन पर ध्यान केंद्रित करता है। यह वेदीय पाठों के ध्वनिक और छंदसामर्थ्य के पहलुओं की जांच करता है। "छंदः" शास्त्रों द्वारा वेदीय स्तवन और छंदों के सटीक वर्णमाला और छंदसंरचना के निर्माण के लिए दिशा-निर्देश और नियम प्रदान किए जाते हैं।

"छंदः" के अध्ययन से वेदों के संगीतीय और काव्यात्मक तत्वों की समझ में मदद मिलती है, जिससे प्राचीन स्तवनों की सुंदरता और संगीतिक धारा को बढ़ावा मिलता है। इसका महत्वपूर्ण योगदान पाठों के मुखौटे की संरक्षण और उच्चारण को सुरक्षित रखने में होता है, वेदीय मंत्रों की मौखिक परंपरा और पाठ।

19

कल्प

कल्प - (वेद पुरुष का हाथ)

वेदों में वर्णित छोटे एवं बड़े यज्ञों के पूरे विधि-विधान का वर्णन जिस ग्रंथ में किया गया है उसे कल्प ग्रन्थ कहते हैं| कल्प को वेद पुरुष का हाथ भी कहा जाता है। कल्पसूत्र में यज्ञ के प्रारंभ से अंत तक के पूरे विधि का स्पष्ट निर्देश दिया गया है जैसे - याग में किस क्रम अनुसार कार्य करने हैं, प्रत्येक पंडित का क्या कार्य है, मंत्र का किस विधि द्वारा प्रयोग करना इत्यादि।

कल्प, वेदांग का एक अंग है, जो वैदिक प्रमाणिकों में उल्लिखित रीति-रिवाज़ों और संस्कारों को सम्मिलित करता है। इसमें विभिन्न धार्मिक यज्ञ और संस्कारों के आयोजन के लिए दिशानिर्देश प्रदान किए जाते हैं। कल्प में तीन उपविभाग होते हैं: श्रौत सूत्र, गृह्य सूत्र और धर्म सूत्र। श्रौत सूत्र जनता के साम्यक् यज्ञों (बलियों) के अनुष्ठानों से संबंधित होते हैं, गृह्य सूत्र घरेलू धार्मिक अनुष्ठानों और संस्कारों का वर्णन करते हैं, और धर्म सूत्र नैतिक और नीतिगत सिद्धांतों की रूपरेखा देते हैं।

कल्प पुरोहितों और अभ्यासकर्ताओं के लिए वैदिक अनुष्ठानों को सटीक और प्रभावी रूप से आयोजित करने के लिए एक व्यावहारिक मार्गदर्शक के रूप में कार्य करता है। यह वैदिक धर्म से संबंधित प्राचीन परंपराओं और अभ्यासों को संरक्षित करता है और पीढ़ी के दौरान वैदिक अनुष्ठानों की निरंतरता और मान्यता में योगदान देता है|

सुविचार

उद्यमेन हि सिध्यन्ति कार्याणि न मनोरथैः ।
न हि सुप्तस्य सिंहस्य प्रविशन्ति मुखे मृगाः ॥

अर्थात् : कोई भी काम कड़ी मेहनत के बिना पूरा नहीं किया जा सकता है सिर्फ सोचने भर से कार्य नहीं होते है, उनके लिए प्रयत्न भी करना पड़ता है। कभी भी सोते हुए शेर के मुंह में हिरण खुद नहीं आ जाता उसे शिकार करना पड़ता है।

20

ज्योतिष

ज्योतिष - (वेद पुरुष का आँख)

ज्योतिष वेद पुरुष का नेत्र भी कहा जाता है कारण यज्ञ आदि के लिए मार्गदर्शन प्रदान कराता है। ज्योतिष को काल ज्ञान शास्त्र या कालविज्ञान एवं ज्योतिष-विज्ञान दोनों का समन्वय कहा जाता है। नक्षत्रों, सूर्य, चंद्र, ग्रह आदि आकाशीय पदार्थों की गति को बताने वाला शास्त्र ज्योतिष है।

जिस प्रकार मोर की शिखा तथा सर्पो की मणि सिर के सर्वोपरि स्थान में है, वैसे ही गणित ज्योतिष सारे वेदांग में सर्वोपरि स्थान में हैं। ज्योतिष यज्ञ आदि के निर्धारित काल के ज्ञान के लिए अर्थात किस काल में यज्ञ करना चाहिए अथवा नही करना चाहिए इत्यादि के ज्ञान के लिए ज्योतिष का ज्ञान होना अति आवश्यक है। ज्योतिष वेदांग का एक हिस्सा है, यह प्राचीन भारतीय खगोल और ज्योतिष प्रणाली है। यह ग्रह-मंडली, ग्रहों के गतिविधियों और उनके मानव जीवन और घटनाओं पर प्रभाव की अध्ययन को समेटता है।

ज्योतिष के तीन मुख्य शाखाएं हैं: सिद्धांत (खगोलीय गणनाएं), संहिता (सामान्य ज्योतिष) और होरा (भविष्यवाणी ज्योतिष)। यह तारों और ग्रहों के स्थान पर मूल्यवान ज्ञान प्रदान करता है, और उनके व्यक्ति और समाज पर प्रभाव को समझने में मदद करता है।

ज्योतिष रिवाजों के लिए शुभ समय निर्धारण, भविष्यवाणी करने और ब्रह्मांडीय

ऊर्जाओं को समझने में सहायता प्रदान करता है। यह वैदिक ज्ञान का अभिन्न अंग है और लोगों के जीवन, आध्यात्मिक अभ्यास और ब्रह्मांडीय संरेखणों पर आधारित निर्णय-निर्धारण प्रक्रियाओं में महत्वपूर्ण भूमिका निभाता है।

सुविचार

न ही कश्चित् विजानाति किं कस्य श्वो भविष्यति।
अतः श्वः करणीयानि कुर्यादद्यैव बुद्धिमान्॥

अर्थात् : किसी को नहीं पता कि कल क्या होगा इसलिए जो भी कार्य करना है आज ही कर ले यही बुद्धिमान इंसान की निशानी है।

उपनिषद्

उपनिषद्स् में संग्रहित हैं अनन्तता के रहस्य, जो आत्मा की प्रगाढ़ता को व्यक्त करते हैं।

21

उपनिषद्

उपनिषद् शब्द का सामान्य अर्थ है - 'समीप उपवेशन' अथवा 'समीप बैठना' (ब्रह्मविद्या प्राप्ति हेतु गुरु के पास शिष्य का बैठना)। उपनिषद् में ऋषि तथा शिष्य के मध्य बहुत ही सुन्दर तथा गूढ़ संवाद है। उपनिषद् में ऋषियों के ज्ञान-चर्चाओं का सार प्राप्त होता है जो संस्कृत में लिखे गये हैं। इनमें परब्रह्म तथा आत्मा के स्वभाव व सम्बन्ध का अति ज्ञानपूर्वक वर्णन प्राप्त होता है। हमारे भारतीय सभ्यता का अमूल्य धरोहर उपनिषद् हैं।

उपनिषद् के विषय में यदि लिखना भी चाहे तो लिख नही सकते क्योंकि यह असीमित ज्ञान का भंडार है। यह ज्ञान इतना विशाल है कि अरबों पर्वतों के ऊँचाई से भी तुलना नही किया जा सकता है। यह ज्ञान इतना गहरा है कि अरबों सागर की गहराई से भी तुलना नहीं जा सकता। यह उपनिषद् द्वारा ऐसी शक्ति प्राप्त होती है जिसके द्वारा मनुष्य अपने जीवन-संग्राम का धैर्य और साहस के साथ सामना कर सकता है।

यदि उपनिषद् नहीं होते तो भगवद्गीता भी नही होता क्योंकि भगवद्गीता उपनिषद् के ऊपर ही आश्रित है। उपनिषद् में ही हमारे आत्मिक, मानसिक तथा सामाजिक समस्याओं से निपटने का ज्ञान वर्णित है।

उपनिषद् की संख्या अलग अलग बताई जाती है, कहीं 200 तो कहीं 220 हैं। प्रत्येक उपनिषद् किसी न किसी वेद से जुड़ा हुआ है। ऋग्वेद से 10 उपनिषद्, शुक्ल यजुर्वेद से 19 उपनिषद्, कृष्ण यजुर्वेद से 32 उपनिषद्, सामवेद से 16 उपनिषद्,

अर्थवेद से 31 उपनिषद्, अतः कुल मिलाकर 108 उपनिषद् को मुख्य माना गया है| इनमें भी 13 उपनिषद् प्राचीन एवं प्रमुख माना जाता है| जगद्गुरु आदि शंकराचार्य जी ने मुख्य दशोपनिषद् पर अपना भाष्य दिया हुआ है|

☙

सुविचार

नास्ति मातृसमा छाय नास्ति मातृसमा गतिः।
नास्ति मातृसमं त्राणं नास्ति मातृसमा प्रपा॥

अर्थात् : माता के समान कोई छाया नहीं, कोई आश्रय नहीं, कोई सुरक्षा नहीं।
माता के समान इस विश्व में कोई जीवनदाता नहीं॥

☙

22

ईशावास्योपनिषद्

यजुर्वेद के 40वें अध्याय को ईशावास्योपनिषद् कहा गया है। इसे उपनिषद् श्रृंखला में प्रथम स्थान प्राप्त है। इसमें इस विराट सृष्टि के अंतर्गत दृश्य जगत और जीवन को 'ईश्वर का आवास' कह कर जीवन के सर्वव्यापी सर्वसमर्थ स्वरूप का बोध कराते हुए, जीवन को उसी के अनुशासन में गरिमामय ढंग से सुख-संतोषपूर्वक जीते हुए उसी के साथ एकरूप हो जाने का निर्देश दिया गया है। इसके 18 मंत्र गीता के 18 अध्यायों की तरह महत्वपूर्ण कहे गए हैं।

प्रथम मंत्र में जीवन और जगत को ईश्वर का आवास कहकर जीवन संपदा का उपभोग मर्यादापूर्वक करने का निर्देश है। 'यह धन किसका है ?' प्रश्न करके ऋषि ने मनुष्य को विभूतियों और संपदाओं के अभिमान से मुक्त होने का अमोघ सूत्र दे दिया है। दूसरे मंत्र में लंबी आयु और बंधन मुक्त रहकर कर्मरत रहने के सूत्र हैं, तो तीसरे मंत्र में अनुशासन उल्लंघन के दुष्परिणामों का संकेत है।

मन्त्र क्रमांक 4, 5 एवं 8 में परब्रह्म के स्वरूप का बोध है तो 6, 7 में उसकी अनुभूति करने वाले के लक्षण दर्शाए गए हैं। क्रमांक 9 से 14 में विद्या-अविद्या तथा सृजन एवं विनाश के बीच संतुलन स्थापित करने का रहस्य दिया गया है क्रमांक 15 एवं 16 में परमात्मा से अपने स्वरूप का बोध कराने की प्रार्थना तथा बोध होने की मन:स्थिति का वर्णन है।

क्रमांक 17, 18 में शरीर की नश्वरता का बोध कराते हुए अग्निदेव से श्रेष्ठ मार्ग द्वारा जीवन लक्ष्य तक ले चलने की प्रार्थना की गई है।

৶৩

शांति मंत्र

ॐ पूर्णमदः पूर्णमिदं पूर्णात् पूर्णमुदच्यते। पूर्णस्य पूर्णमादाय
पूर्णमेवावशिष्यते॥

वह सच्चिदानंदघन परब्रह्म पुरुषोत्तम परमात्मा सभी प्रकार से सदा सर्वदा परिपूर्ण है। यह जगत भी उस परब्रह्म से पूर्ण ही है, क्योंकि यह पूर्ण उस पूर्ण पुरुषोत्तम से ही उत्पन्न हुआ है।

৶৩

23

कठोपनिषद्

यह उपनिषद् कृष्ण यजुर्वेद की कठ शाखा के अंतर्गत है। इसमें दो अध्याय तथा प्रत्येक में तीन-तीन वल्लियां हैं, जिनमें वाजश्रवा के पुत्र नचिकेता और यम के बीच हुए संवाद का सुप्रसिद्ध उपाख्यान है।

वाजश्रवा ने यज्ञ की दक्षिण में निरर्थक वस्तुओं का दान करके दान की चिन्ह-पूजा करनी चाही। उनके पुत्र नचिकेता ने पिता को यथार्थ बोध कराने के लिए बार-बार पूछा कि आप मुझे किसको प्रदान करेंगे? पिता ने खीजकर उन्हें यम को दान करने की बात कही।

नचिकेता यम से मिलते हैं, उन्हें प्रभावित कर लेते हैं। यम उनसे तीन वरदान मांगने को कहते हैं।

वे पहले वरदान में पिता की प्रसन्नता तथा अनुकूलता तथा दूसरे वर में स्वर्ग प्रदायिनी अग्निरिगसाताविद्या मांगते हैं। यम उन्हें दोनों वर प्रदान करते हैं। तीसरे वर में नचिकेता आत्मविद्या जानना चाहते हैं। यम उन्हें प्रलोभन देकर विचलित करना चाहते हैं; किंतु नचिकेता अविचलित बने रहते हैं।

इतना प्रकरण प्रथम अध्याय की प्रथम वल्ली में है। द्वितीय, तृतीय वल्ली में यमदेव आत्मा-परमात्मा संबंधी विविध पक्ष समझाते हैं। दूसरे अध्याय में परमेश्वर की प्राप्ति में बाधाएं, उनके निवारण, हृदय प्रदेश में उनकी स्थिति का वर्णन है।

परमात्मा की सर्वव्यापकता संसाररूपी अश्वत्थ का विवेचन, योग साधना तथा ईश्वर विश्वास तथा मोक्षादि का वर्णन है। अंत में ब्रह्मविद्या के प्रभाव से नचिकेता को ब्रह्म प्राप्ति होने का उल्लेख है।

शांति मंत्र

ॐ सह नाववतु।
सह नौ भुनक्तु।
सह वीर्यं करवावहै।
तेजस्विनावधीतमस्तु मा विद्विषावहै ॥
ॐ शान्तिः शान्तिः शान्तिः ॥

अर्थ: हे परमात्मा, विद्यार्थी और शिक्षक दोनों की रक्षा करें, विद्यार्थी और शिक्षक दोनों का पोषण करें, हम दोनों ऊर्जा और शक्ति के साथ कार्य करें। हे परमात्मा विद्या प्राप्ति का सामर्थ्य प्राप्त करें और हमारी बुद्धि को तेज करें, हमें शक्ति दे कि हम एक दूसरे से ईर्ष्या न करें।

24
केनोपनिषद्

यह उपनिषद् सामवेदीय 'तलवकार ब्राह्मण' के 9वें अध्याय के अंतर्गत है। इसे तलवकार उपनिषद् तथा 'ब्राह्मणोपनिषद्' भी कहा जाता है। उपनिषद् का प्रारंभ प्रश्न 'केनेषितं.......' (यह जीवन किसके द्वारा प्रेरित है ?) से हुआ है। इसमें उस 'केन' (किसके द्वारा) का विवेचन होने से इसे 'केनोपनिषद्' कहा गया है।

सर्वप्रेरक उस परब्रम्ह की महिमा और उसके स्वरूप का बोध कराते हुए ऋषि ने स्पष्ट किया है कि कहने-सुनने में ब्रह्म तत्व जितना सुगम है, अनुभूति है वह उतना ही दुरुह है।

प्रथम एवं द्वितीय खंड में गुरु-शिष्य संवाद के रूप में सुंदर ढंग से उस प्रेरक सत्ता की विशेषताओं, उसकी अनुभूति तथा उसे जान लेने की अनिवार्य आवश्यकताओं का वर्णन किया गया है।

तीसरे और चौथे खंड में देवताओं के अभिमान तथा मानमर्दन के लिए यक्ष रूप में ब्राम्ही चेतना के प्रकट होने का उपाख्यान है। बाद में उमा देवी द्वारा प्रकट होकर देवों के लिए ब्रह्म तत्व का वर्णन किया गया है।

अंत में परब्रह्म की उपासना के ढंग और फल का उल्लेख करते हुए ब्रह्म विद्या के संसाधनों के साथ उस रहस्य को जानने की महिमा का वर्णन है।

शांति मंत्र

ॐ आप्यायन्तु ममाङ्गानि वाक् प्राणश्चक्षुः
श्रोत्रमथो बलमिन्द्रियाणि च सर्वाणि सर्व।
ब्रौपनिषदं माहं ब्रह्म निराकुर्यां मा मा ब्रह्म
निराकरोदनिराकरणमस्त्वनिराकरणं मेऽस्तु।
तदात्मनि निरते य उपनिषत्सु धर्मास्ते मयि सन्तु ते मयि सन्तु॥
ॐ शान्तिःशान्तिः शान्तिः॥

मेरे समस्त अंग-अवयव वृद्धि को प्राप्त करें। वाणी, प्राण, नेत्र, कान, बल एवं सभी इन्द्रियाँ विकसित हों। समस्त उपनिषदें 'ब्रह्म' है। मुझसे ब्रह्म का त्याग न हो तथा ब्रह्म हमारा परित्याग न करे, मेरा परित्याग न हो न हो। इस प्रकार ब्रह्म में निरत (लगे हुए) हमें उपनिषद्-प्रतिपादित धर्म की प्राप्ति हो। हमारे त्रिविध तापों का शमन हो तथा हमें शान्ति प्राप्त हो।

25

प्रश्नोपनिषद्

यह उपनिषद् अथर्ववेद के पिप्पलाद शाखा का ब्राम्हण भाग है। प्रश्नोपनिषद् में जिज्ञासुओं द्वारा महर्षि पिप्पलाद से पूछे गए 6 प्रश्न और उनके उत्तरों का वर्णन है।

प्रथम प्रश्न में कबन्धी ने प्राण और रयि के संबंध में जानना चाहा।

द्वितीय प्रश्न में भार्गव ने प्रजा के आधार विषयक तीन प्रश्न किए हैं।

तीसरे प्रश्न के अंतर्गत आश्वलायन द्वारा प्राण की उत्पत्ति के संदर्भ में छः प्रश्न पूछे गए हैं।

चौथे प्रश्न में गार्ग्य द्वारा जीवात्मा-परमात्मा के संबंध में पांच जिज्ञासाएँ प्रकट की गई है।

पांचवें प्रश्न के अंतर्गत सत्यकाम ने ॐकार-उपासना जाननी चाही है।

छठा प्रश्न सुकेशा ने किया, जिससे 16 कलायुक्त पुरुष के विषय में जिज्ञासा की गई है।

अंत में सभी प्रश्नों के समुचित समाधान पाकर जिज्ञासाओं द्वारा महर्षि पिप्पलाद के प्रति कृतज्ञता व्यक्त करते हुए उनकी वंदना की गई है।

शांति मंत्र

ॐ भद्रं कर्णेभिः श्रुणुयाम देवाः। भद्रं पश्येमाक्षभिर्यजत्राः।
स्थिरैरंगैस्तुष्टुवागं सस्तनूभिः। व्यशेम देवहितम् यदायुः।
स्वस्ति न इन्द्रो वृद्धश्रवाः। स्वस्ति नः पूषा विश्ववेदाः।
स्वस्ति नस्ताक्ष्यों अरिष्टनेमिः। स्वस्ति नो बृहस्पतिर्दधातु ॥
ॐ शान्तिः शान्तिः शान्तिः ॥

ओम्! हे देवताओं, हम कानों से शुभ वचन सुनें; यज्ञों में लगे हुए हम नेत्रों से शुभ वस्तुओं को देखें; स्थिर अंगों के साथ देवताओं की स्तुति करते हुए, हम एक ऐसे जीवन का आनंद लें जो देवताओं के लिए लाभप्रद हो। प्राचीन ख्याति के इन्द्र हमारे लिए मंगलमय हों; परमधनी (या सर्वज्ञ) पूसा (पृथ्वी के देवता) हम पर कृपा करें; बुराई का नाश करने वाले गरुड़, हमारे प्रति अच्छे स्वभाव वाले हों; बृहस्पति हमारा कल्याण सुनिश्चित करें। ओम्! शांति! शांति! शांति!

26

मुण्डकोपनिषद्

यह अथर्ववेद की शौनकीय शाखा की उपनिषद् है, जिसमें तीन मुंडक है तथा प्रत्येक मुंडक में दो-दो खंड हैं।

'मुंडक' शब्द का तात्पर्यार्थ 'मन का मुंडन कर अविद्या से मुक्त करने वाला ज्ञान' है। इसमें महर्षि अङ्गरा ने शौनक जी को परा-अपार विद्या समझायी है।

प्रथम मुंडक के प्रथम खंड में ब्रह्मविद्या की परंपरा के बाद ऋषि संवाद के रूप में परा-अपरा विद्या का विवेचन है एवं परा विद्या से ब्रह्मबोध तथा परमेश्वर से जगत की उत्पत्ति का वर्णन है।

दूसरे खंड में अपरा विद्या, यज्ञ और उसके फल, भोगों से विरक्ति तथा ब्रह्मबोध के लिए ब्रह्मनिष्ठ गुरु तथा अधिकारी शिष्य के सम्मिलन की आवश्यकता बताई गई है।

द्वितीय मुंडक में अग्नि की चिनगारियों की तरह ब्रह्म से जगत की उत्पत्ति एवं लय का वर्णन करते हुए ॐकार रूपी धनुष एवं आत्मा रूपी बाण से परमात्मा का लक्ष्यवेध, ब्रह्म का स्वरूप एवं ब्रह्म प्राप्ति का महत्व है।

तृतीय मुंडक में शरीर रूपी एक ही वृक्ष पर जीवात्मा और परमात्मा रुपी दो पक्षियों के उदाहरण सहित अंतः करण की शुद्धि द्वारा ब्रह्म प्राप्ति तथा ब्रम्हावेत्ता की गति तथा महत्व का वर्णन है।

शांति मंत्र

ॐ सर्वेषां स्वस्तिर्भवतु।
सर्वेषां शान्तिर्भवतु।
सर्वेषां पूर्णंभवतु।
सर्वेषां मङ्गलंभवतु।
ॐ शान्तिः शान्तिः शान्तिः॥

सब लोग अच्छे से हो। सब कुछ शांतिपूर्ण हो। सब की इच्छा पूरा हो जाए। सब मंगलमय हो। सब जगह शांति हो।

27

माण्डूक्योपनिषद्

यह उपनिषद् अथर्ववेद के अंतर्गत है। इसमें 'ॐकार' को अक्षर ब्रह्म परमात्मा का श्रेष्ठ संबोधन सिद्ध करते हुए उसके विभिन्न चरणों एवं मात्राओं का विवेचन किया गया है।

अ, उ, म् तीन मात्राओं तथा वैश्वानर, तैजस एवं प्राज्ञ इन तीनों चरणों के साथ मात्रा रहित चौथे चरण निर्विशेष का उल्लेख किया गया है। अव्यक्त परमात्मा के व्यक्त विराट जगत स्वरूप का भी वर्णन है। विश्व उसका स्थान है, सात लोक उसके सात अंग तथा इन्द्रिय, प्राण, अंतःकरण आदि उसके मुख कहे गए हैं। परमात्मा के निराकार-साकार दोनों स्वरूपों की उपासना का मार्ग इससे प्रशस्त होता है।

28

तैत्तिरीयोपनिषद्

यह उपनिषद् कृष्ण यजुर्वेद की तैत्तिरीय शाखा के तैत्तिरीय आरण्यक का एक भाग्य है। आरण्यक के 10 अध्यायों में से क्रमशः सातवें, आठवें और नौवें अध्यायों को ही उपनिषदीय मान्यता मिली है। इसमें तीन वल्लियाँ शिक्षा वल्ली, ब्रह्मानंदवल्ली तथा भृगुवल्ली हैं।

शीक्षावल्ली के प्रारंभ में अधिलोक, अधिज्यौतिष, अधिविद्य, अधिप्रज और अध्यात्म नामक पांच महासंहिताओं का वर्णन है तथा उनकी फलश्रुति भी दी गई है। साधना क्रम में ॐकार तथा भूः भुवः स्वः महः आदि व्याहृतियों के महत्व का उल्लेख है। अंत में अध्ययन एवं अध्यापन करने के लिए सदाचार परक मर्यादा सूत्रों का उल्लेख करके विचार के साथ आचार की महत्ता का बोध कराया गया है।

ब्रह्मानंदवल्ली में हृदयगुहा में स्थित परमेश्वर को जानने का महत्व समझाते हुए उसके अन्नमय, प्राणमय, मनोमय, विज्ञानमय एवं आनंदमय कलेवरों का विवेचन है। आनंद की मीमांसा में लौकिक आनंद से लेकर उसके उत्तरोत्तर श्रेष्ठ स्वरूपों के वर्णन के साथ ब्रह्मानंद तक की समीक्षा की गई है। परमात्मा के आनंद स्वरूप को समझने वालों की स्थिति का भी वर्णन है।

भृगुवल्ली में भृगु के ब्रह्मपरक जिज्ञासा का समाधान उनके पिता वरुण ने किया है। तत्त्वज्ञान को समझाकर उन्हें तपश्चर्या द्वारा स्वयं अनुभव करने का निर्देश दिया गया है। उन्होंने क्रमशः अन्न, प्राण, मन, विज्ञान एवं आनंद को ब्रह्म रूप में अनुभव किया। तब वरुण ने उन्हें अन्नादि का दुरुपयोग न करके उसके

सुनियोजन का विज्ञान समझाया। अंत में भगवद्भाव प्राप्त साधक की स्थिति तथा उसके समतायुक्त उद्गारों का उल्लेख है।

सुमंत्र विचार

काले वर्षतु पर्जन्यः। पृथिवी सस्यशालिनी।
देशो ऽयं क्षोभरहितः। ब्राह्मणास्सन्तु निर्भयाः।।

इस पृथ्वी पर समय पे बरसात हो, पृथ्वी हरी-भरी रहे, हमारा देश संकटो से मुक्त हो और सत्य को जानने वाले सभी निर्भय रहे।

29

ऐतरेयोपनिषद्वैदिक साहित्य का वर्गीकरण

ऋग्वेदीय ऐतरेय आरण्यक के दूसरी आरण्यक के चौथे, पांचवें और छठवें अध्याय ब्रह्मविद्या प्रधान हैं, अस्तु, इन्हें ऐतरेयोपनिषद् की मान्यता दी गयी है। प्रथम अध्याय में तीन खंड हैं तथा शेष (दूसरे, तीसरे) अध्यायों में एक-एक खण्ड ही हैं।

प्रथम अध्याय के प्रथम खंड में परमात्मा द्वारा सृष्टि रचना का संकल्प तथा लोकों-लोकपालों की रचना का प्रसंग है। हिरण्यगर्भ से विराट पुरुष एवं उसकी इंद्रियों से देवताओं की उत्पत्ति दर्शायी गई है।

दूसरे खंड में देवताओं के लिए आवास रूप मनुष्य शरीर तथा क्षुधा-पिपाशा की शांति हेतु अन्नादि की रचना का प्रसंग है। तीसरे खंड में प्राणों द्वारा अन्न को ग्रहण करने का उपाख्यान के साथ स्वयं परमात्मा द्वारा मूर्धा मार्ग से प्रवेश करने का प्रकरण दिया गया है। व्यक्ति रूप में उत्पन्न पुरुष की जिज्ञासा और परमात्म तत्व के साक्षात्कार से उसके कृतकृत्य होने का भी उल्लेख है।

दूसरे अध्याय में ऋषि वामदेव द्वारा जीवन चक्र का अनुभव प्राप्त करने का वर्णन है। माता के गर्भ में जीव प्रवेश उसका प्रथम जन्म, बालक रूप में बाहर आना द्विवतीय जन्म तथा मरणोत्तर योनियों में जाना तीसरा जन्म कहा गया है।

तीसरे अध्याय में उपास्य कौन है, यह प्रश्न खड़ा करके प्रज्ञान रूप परमात्मा को ही उपास्य सिद्ध किया गया है। उसे प्राप्त करके काया त्याग के बाद परमधाम

अमरपद प्राप्ति का निरूपण किया गया है।

❦

सुमंत्र विचार

ॐ शं नो मित्रः शं वरुणः।
शं नो भवत्वर्यमा।
शं नो इन्द्रो बृहस्पतिः।
शं नो विष्णुरुरुक्रमः।
नमो ब्रह्मणे। नमस्ते वायो। त्वमेव प्रत्यक्षं बह्मासि।
त्वामेव प्रत्यक्षं ब्रह्म वदिष्यामि। ऋतं वदिष्यामि। सत्यं वदिष्यामि।
तन्मामवतु। तद्वक्तारमवतु। अवतु माम। अवतु वक्तारम्।
ॐ शान्तिः। शान्तिः। शान्तिः।

देवता 'मित्र' हमारे लिए कल्याणकारी हों, वरुण कल्याणकारी हों। 'अर्यमा' हमारा कल्याण करें। हमारे लिए इन्द्र एवं बृहस्पति कल्याणप्रद हों। 'उरुक्रम' (विशाल डगों वाले) विष्णु हमारे प्रति कल्याणप्रद हों । ब्रह्म को नमन है। वायुदेव तुम्हें नमस्कार है। तुम ही प्रत्यक्ष ब्रह्म हो। अतः तुम्हें ही प्रत्यक्ष तौर पर ब्रह्म कहूंगा। ऋत बोलूंगा। सत्य बोलूंगा।
वह ब्रह्म मेरी रक्षा करें। वह वक्ता आचार्य की रक्षा करें। रक्षा करें मेरी। रक्षा करें वक्ता आचार्य की। त्रिविध ताप की शांति हो।

❦

30

छान्दोग्योपनिषद्

सामवेद की तलवकार शाखा के अंतर्गत छान्दोग्य ब्राह्मण के अंश को इस उपनिषद् के रूप में मान्यता दी गई है। उक्त ब्राह्मण में 10 अध्याय हैं। उसके अंतिम 8 अध्याय उपनिषद् रूप में लिए गए हैं। यह विशाल कलेवर वाले उपनिषदों में से एक है।

प्रथम अध्याय में ऋचा, साम आदि के सार रूप ॐकार की व्याख्या की गई है। देवासुर संग्राम के उपाख्यान से ॐकार-उद्गीथ को केवल स्वर-श्वास आदि तक ही सीमित न रखकर उसे मुख्य प्राणों के स्पन्दन से जोड़ने का रहस्य समझाया है। फिर ॐकार की आध्यात्मिक, आधिदैविक उपासनायें समझाते हुए विभिन्न स्वरूप स्पष्ट किए गए हैं।

दूसरे अध्याय में 'साम' को साधुता-श्रेष्ठता से जोड़ते हुए विभिन्न प्रकार की उपासना का वर्णन किया गया है।

तीसरे अध्याय में आदित्य को देवों का मधु कहकर उसकी विभिन्न दिशाओं में विभिन्न प्रकार के अमृतों की उपलब्धि का वर्णन है। इस मधुविधा के अधिकारियों का उल्लेख करते हुए गायत्री की सर्वरूपता सिद्ध करके आदित्य की ब्रह्म रूप में उपासना का निर्देश दिया गया है।

चौथे अध्याय में सत्यकाम जाबाल का वृषभ, अग्नि, हंस एवं मुद्ग द्वारा ब्रह्म बोध कराए जाने का तथा उपकौशल को विभिन्न अग्नियों द्वारा शिक्षित किए

जाने का उपाख्यान है।

पांचवा अध्याय प्राण विद्या परक है। श्वेतकेतु एवं प्रवाहण संवाद में अपतत्व का पांचवीं आहुति में व्यक्तिवाचक बन जाने तथा अश्वपति एवं ऋषियों के संवाद से प्राण की विभिन्न प्रकृतियों का उल्लेख है।

छठवें अध्याय में ईश्वर एवं आत्मा के विभिन्न स्वरूपों को विभिन्न दृष्टान्तों से स्पष्ट किया गया है।

सातवें अध्याय में ब्रह्म के विभिन्न रूपों में उपासना समझायी गई है।

आठवें अध्याय में इंद्र विरोचन के कथानक द्वारा आत्मतत्व एवं ब्रह्मतत्व के साक्षात्कार के लिए तप द्वारा पात्रता अर्जित करने का महत्व दर्शाया गया है। अंत में आत्मज्ञान की परंपरा एवं उसके फल का वर्णन है।

सुमंत्र विचार

सर्वतीर्थमयी माता सर्वदेवमयः पिता।
मातरं पितरं तस्मात् सर्वयत्नेन पूजयेत् ।।

अर्थात : मनुष्य के लिये उसकी माता सभी तीर्थों के समान तथा पिता सभी देवताओं के समान पूजनीय होते है। अतः उसका यह परम् कर्तव्य है कि वह् उनका अच्छे से आदर और सेवा करे।

31

बृहदारण्यकोपनिषद्

शुक्ल यजुर्वेद की काण्व-शाखा के वाजसनेयि ब्राह्मण-शतपथ ब्राह्मण के अंतर्गत यह उपनिषद् है। बृहत (बड़ा) और आरण्यक (वन) में विकसित होने के कारण इसे 'बृहदारण्यक' का गया है। इसमें 6 अध्याय हैं तथा प्रत्येक अध्याय में अनेक ब्राह्मण हैं।

इस उपनिषद् में सृष्टि रूप यज्ञ को एक विराट अश्व की उपमा से व्यक्त किया गया है।

प्रलय के बाद सृष्टि की उत्पत्ति का, देवों-असुरों के प्रसंग से प्राण की महिमा और उसके भेद स्पष्ट किये गये हैं, ब्रह्म को सर्वरूप कहकर उसके द्वारा चार वर्णों के विकास का उल्लेख है। इसमें ब्रह्म एवं आत्मतत्व को स्पष्ट किया गया है।

प्राणोपासना ब्रह्म के दो (मूर्त और अमूर्त) रूपों का वर्णन है। विविध रूपों में ब्रम्ह की उपासना के साथ मनोमय पुरुष एवं वाक् की उपासना भी कही गई है। प्राण की श्रेष्ठता, पंचाग्नि विद्या, मंथ विद्या तथा संतानोत्पत्ति के विज्ञान का भी वर्णन है।

प्रजापति द्वारा तीनों गुण यानि सात्विक, राजसिक एवं तामसिक का भी वर्णन किया हुआ है।

अंत में समस्त प्रकरण के आचार्य परंपरा की श्रृंखला व्यक्त की गई है।

सुमंत्र विचार

विद्या विवादाय धनं मदाय
शक्तिः परेषां परिपीडनाय।
खलस्य साधोर् विपरीतमेतद्
ज्ञानाय दानाय च रक्षणाय॥

अथार्त : दुर्जन की विद्या विवाद के लिये, धन उन्माद के लिये, और शक्ति दूसरों का दमन करने के लिये होती है। सज्जन इसी को ज्ञान, दान, और दूसरों के रक्षण के लिये उपयोग करते हैं।

पुराण

पुराणों की कथाओं में छिपा है प्राचीनतम संस्कृति का सौंदर्य, जो आदर्शों को प्रेरित करती हैं।

32

पुराण

पुराण, हिन्दू के धर्म के सबसे महत्वपूर्ण धार्मिक ग्रन्थों में से एक माना जाता है। पुराण' का शाब्दिक अर्थ है, 'प्राचीन' या 'पुराना'। पुराणों की रचना मुख्यतः संस्कृत में हुई है, किन्तु कुछ पुराण क्षेत्रीय भाषाओं में भी रचे गए हैं। पुराण को वैदिक काल के बहुत समय बाद का ग्रन्थ माना गया है, यह पुराण भारतीय जीवन-धारा में जिन ग्रन्थों का महत्त्वपूर्ण स्थान है उनमें प्राचीन भक्ति-ग्रन्थों के रूप में विशेष महत्त्वपूर्ण माने जाते हैं।

पुराणों की कुल संख्या अट्ठारह है और इन अट्ठारह पुराणों में अलग-अलग देवी-देवताओं को मुख्य केन्द्र मानते हुए धर्म और अधर्म, पाप और पुण्य, कर्म और अकर्म की गाथाएँ कही गयी हैं। कुछ पुराणों में सृष्टि के आरम्भ से अन्त तक का विवरण भी दिया गया है।

पुराणों में अनेकों विषय का वर्णन किया गया है जिसकी कोई सीमा नहीं है। इन असीमित विषयों के पुराणों में देवी-देवताओं, राजाओं, नायकों, ऋषि-मुनियों की वंशावली, लोककथाएँ, तीर्थयात्राएं, ब्रह्माण्डविद्या,मन्दिर, चिकित्सा, खगोल शास्त्र, व्याकरण, खनिज विज्ञान, हास्य, प्रेमकथाओं के साथ-साथ धर्मशास्त्र और दर्शन आदि का भी बहुत सुंदर वर्णन है।

हिन्दू पुराणों के रचनाकार कौन है यह कह पाना सम्भव नही है। पुराणों को पढ़ने से ऐसा लगता है कि कई रचनाकारों ने कई शताब्दियों में इनकी रचना की है।

हमारे यहां कर्मकाण्ड यानी वेदों द्वारा, ज्ञान यानी उपनिषद् की ओर आते हुए भारतीय मानस में पुराणों के माध्यम से भक्ति की अविरल धारा प्रवाहित हुई है। कहा जाता है कि इस भक्ति की अविरल धारा में विकास की इस प्रक्रिया में बहुदेववाद और निर्गुण ब्रह्म की स्वरूपात्मक व्याख्या से धीरे-धीरे मानस अवतारवाद या सगुण भक्ति की ओर प्रेरित हुआ। छोटे और बड़े के भेद से अठारह पुराण बताये गये हैं, जो निम्नवत प्रकार से हैं:-

ब्रह्मपुराण,

पद्मपुराण,

विष्णुपुराण,

शिवपुराण,

भागवतपुराण,

भविष्यपुराण,

नारदपुराण,

मार्कण्डेयपुराण,

अग्निपुराण,

ब्रह्मवैवर्तपुराण,

लिंगपुराण,

वाराहपुराण,

स्कन्दपुराण,

वामनपुराण,

कूर्मपुराण,

मत्स्यपुराण,

गरुडपुराण

ब्रह्माण्डपुराण

पुराणों का समग्र रूप से हिंदू धर्म और भारतीय संस्कृति पर महत्वपूर्ण प्रभाव पड़ा है। पुराणों ने कला, साहित्य और संगीत के अनगिनत कार्यों को प्रेरित किया है और वे पूरे विश्व में हिंदुओं के धार्मिक और सांस्कृतिक जीवन का एक महत्वपूर्ण

हिस्सा बने हुए हैं। पुराणों ने अपनी कहानियों और शिक्षाओं के माध्यम से हिंदू धर्म की मान्यताओं और प्रथाओं को आकार देने एवं परिभाषित करने में मदद की है। यही कारण है कि पुराण आज भी लाखों लोगों के लिए प्रेरणा और मार्गदर्शन का स्रोत बने हुए हैं।

❧

सुमंत्र विचार

महाजनस्य संपर्कः कस्य न उन्नतिकारकः।
मद्मपत्रस्थितं तोयं धत्ते मुक्ताफलश्रियम्

अथार्त : महाजनों गुरुओं के संपर्क से किस की उन्नति नहीं होती। कमल के पत्ते पर पड़ी पानी की बूंद मोती की तरह चमकती है।

❧

पुराणों की कथाओं में छिपा हैं आदर्शों का मंगल संग्रह, जो हमें धर्मप्रिय जीवन की ओर प्रेरित करता है।

33

ब्रह्मपुराण

इस पुराण को "आदिपुराण" भी कहा जाता है। यह पुराण ब्रह्मांड के निर्माता भगवान ब्रह्माजी को समर्पित है। प्राचीन माने गए सभी पुराणों में इसका उल्लेख है।

ब्रह्मपुराण में श्लोकों की संख्या अलग- अलग प्रमाणों से भिन्न-भिन्न है। कही 10,000 कही 12,000 और कही 13,787 ये विभिन्न संख्याएँ मिलती है। इसका प्रवचन नैमिषारण्य में लोमहर्षण ऋषि ने किया था। इस पुराण में सृष्टि, मनु की उत्पत्ति, उनके वंश का वर्णन, देवों और प्राणियों की उत्पत्ति का वर्णन प्राप्त होता है।

इस पुराण में विभिन्न तीर्थों का विस्तार से बहुत ही सुंदर वर्णन किया गया है। इस ब्रह्म पुराण में कुल 245 अध्याय हैं। ब्रह्मपुराण में देवताओं और असुरों की वंशावली और उन्हें प्रसन्न करने के लिए किए जाने वाले अनुष्ठानों का भी वर्णन है। ब्रह्म पुराण में प्रयाग नगरी का वर्णन है, जिसमें इस शहर में स्थित विभिन्न मंदिरों, धार्मिक स्थलों और तीन नदियों गंगा, यमुना, सरस्वती के संगम में स्नान करने के महत्व का वर्णन है।

इसमें भगवान विष्णु और उनके अवतारों से जुड़ी कई कहानियां भी है, ब्रह्म पुराण में सबसे प्रसिद्ध कहानी में से एक राक्षस हिरण्यकश्यप और उनके पुत्र प्रहलाद जो विष्णु भक्त थे उनकी कहानी है।

धार्मिक और पौराणिक विषय के अतिरिक्त ब्रह्म पुराण में खगोल, विज्ञान, चिकित्सा और नैतिकता जैसे विभिन्न वैज्ञानिक व सामाजिक विषयों की जानकारी भी है।

☙

सुमंत्र विचार

श्रूयतां धर्मसर्वस्वं, श्रुत्वा चैवावधार्यताम्।
आत्मनः प्रतिकूलानि, परेषां न समाचरेत्।।

अर्थात : धर्म का सार तत्व यह है कि जो आप को बुरा लगता है वह काम आप दूसरों के लिए भी न करें।

☙

34

पद्मपुराण

इस पुराण में कुल 641 अध्याय और 48,000 श्लोक हैं। मत्स्यपुराण के अनुसार इसमें 55,000 और ब्रह्मपुराण के अनुसार इसमें 59,000 श्लोक थे।

इसमें कुल खण्ड हैं—(क) सृष्टिखण्ड (ख) भूमिखण्ड, (ग) स्वर्गखण्ड, (घ) पातालखण्ड और (ङ) उत्तरखण्ड।

इसका प्रवचन नैमिषारण्य में सूत उग्रश्रवा ने किया था। ये लोमहर्षण के पुत्र थे। इस पुराण में अनेक विषयों के साथ विष्णुभक्ति के अनेक पक्षों पर प्रकाश डाला गया है। इसका विकास लगभग ५ वीं शताब्दी माना जाता है। पद्म पुराण का नाम कमल के फूल के नाम पर रखा गया है जो पवित्रता का प्रतीक माना जाता है।

पद्म पुराण में विभिन्न देवी देवताओं की उत्पत्ति, भगवान विष्णु, शिव, ब्रह्मा और देवी सहित विभिन्न देवताओं से संबंधित कई कहानियों और कविताओं को बताया गया है। राजाओं संतो की कई कहानियां के साथ साथ गुणों और उपलब्धियों का भी विस्तृत वर्णन है।

पद्म पुराण में पूजा यज्ञ और होम सहित विभिन्न समारोहों को करने के तरीके के बारे में विस्तृत निर्देशन प्रदान किया गया है। इसमें कुंभ मेला और दिवाली जैसे विभिन्न क्रमशः पवित्र स्थानों और त्योहारों के महत्व का विवरण मिलता है।

पद्म पुराण में कर्म की अवधारणा, धर्म या सही आचरण की अवधारणा, नियमों

और कर्तव्य का पालन करने के साथ-साथ दूसरों के साथ सम्मान, करुणा व्यवहार के महत्व पर बल दिया गया है। इस पुराण में दान निस्वार्थ सेवा एवं अन्य महत्व भी बताया गया है।

❧

सुमंत्र विचार

परोपकारः पुण्याय पापाय परपीडनम्।

अर्थ : धर्म है क्या? धर्म है दूसरों की भलाई। यही पुण्य है। और अधर्म क्या है? यह है दूसरों को पीड़ा पहुंचाना। यही पाप है।

❧

35

विष्णुपुराण

पुराण के पाँचों लक्षण इसमें घटते हैं। इसमें विष्णु को परम देवता के रूप में निरूपित किया गया है। इसमें कुल छः खण्ड हैं, 126 अध्याय, श्लोक 23,000 से 26,000 तक हैं। इस पुराण के प्रवक्ता पराशर ऋषि और श्रोता मैत्रेय हैं।

विष्णु पुराण को 6 अध्यायों में विभाजित किया गया है।

- ब्रह्मांड के निर्माण और दुनिया के विकास के साथ-साथ देवताओं की वंशावली व राक्षसों के साथ उनके संघर्ष का वर्णन किया गया है।

- भगवान विष्णु के जीवन और उनकी लीलाओं पर केंद्रित है, जिसमें विभिन्न अवतार जैसे राम, कृष्ण और उनके पृथ्वी पर आने के कारण भी बताए गए हैं।

- राजाओं के सौर और चंद्र राजवंशों के साथ-साथ कई महान संतों के जीवन का विस्तृत वर्णन किया गया है।

- खगोल, विज्ञान, ज्योतिष और समय की प्रकृति सहित ब्रह्मांड विज्ञान के वैज्ञानिकता पर प्रकाश डाला गया है।

- विभिन्न धार्मिक प्रथाओं और अनुष्ठानों पर केंद्रित है, इसमें बलिदान, मंत्र,भजन, प्रार्थना, पूजा पाठ, तीर्थ यात्रा का महत्व बताया गया है, यह जीवन के विभिन्न चरणों जन्म से मृत्यु तक, प्रत्येक चरण में अपने कर्तव्य को पूरा करने के महत्व का भी वर्णन है।

• हिन्दू धर्म के दर्शन से संबंधित विषयों, जिसमें स्वयं की प्रकृति, ब्रह्मांड की अंतिम वास्तविकता तथा मुक्ति या मोक्ष की अवधारणा का वर्णन है। इनमें महान संतों की कहानियां परमात्मा के साथ उनके अनुभव भी बताए गए हैं।

☙

सुमंत्र विचार

मानात् वा यदि वा लोभात् क्रोधात् वा यदि वा भयात्।
यो न्यायं अन्यथा ब्रूते स याति नरकं नरः।

अर्थात : कहा गया है कि यदि कोई अहंकार के कारण, लोभ से, क्रोध से या डर से गलत फैसला करता है तो उसे नरक को जाना पड़ता है।

☙

36

शिवपुराण

वायुपुराण या शिवपुराण: इसमें विशेषकर शिव का वर्णन किया गया है, अतः इस कारण इसे "शिवपुराण" भी कहा जाता है। एक शिवपुराण पृथक् भी है। इसमें 112 अध्याय, 11,000 श्लोक हैं। इस पुराण का प्रचलन मगध-क्षेत्र में बहुत था। इसमें गया-माहात्म्य है। इसमें कुल चार भाग है :

(क) प्रक्रियापाद

(ख) उपोद्घात

(ग) अनुषङ्गपाद

(घ) उपसंहारपाद

इसमें सृष्टिक्रम, भूगोल, खगोल, युगों, ऋषियों तथा तीर्थों का वर्णन एवं राजवंशों, ऋषिवंशों, वेद की शाखाओं, संगीतशास्त्र और शिवभक्ति का विस्तृत निरूपण है। इसमें भी पुराण के पञ्चलक्षण मिलते हैं।

शिव पुराण में भगवान शिव के भक्ति के महत्व, योग, ध्यान का अभ्यास, कर्म, पुनर्जन्म की अवधारणा का वर्णन किया गया है। साथ ही सदाचारी जीवन जीने तथा परम मुक्ति या मोक्ष की प्राप्ति के महत्व को भी बताया गया है। शिव पुराण में भगवान शिव के रूपों और उनके अवतारों से संबंधित कहानियां परम मुक्ति

प्राप्त करने में, भक्ति व आध्यात्मिक अभ्यास के महत्व को दर्शाती हैं।

शिव पुराण में सबसे प्रसिद्ध कहानियों में से एक "समुद्र मंथन" की कहानी है, जिसमें देवता और दानव मिलकर समुद्र का मंथन करते हैं और अमरता का अमृत प्राप्त करते हैं। मंथन के दौरान विभिन्न दिव्य वस्तुएं और जीव समुद्र से निकलते हैं, उनमें से एक घातक विष हलाहल भी निकलता है, ब्रह्मांड को विनाश से बचाने के लिए भगवान शिव विष पीते हैं और उन्हें दुनिया का रक्षक के रूप में प्रतिष्ठित किया जाता है इसका भी वर्णन इस पुराण में है।

෬

सुमंत्र विचार

दारिद्रय रोग दुःखानि बंधन व्यसनानि च।
आत्मापराध वृक्षस्य फलान्येतानि देहिनाम्।

अर्थात : दरिद्रता , रोग, दुख, बंधन और विपदाएं तो अपराध रूपी वृक्ष के फल हैं। इन फलों का उपभोग मनुष्य को करना ही पड़ता है।

෬

37

भागवतपुराण

यह पुराण सर्वाधिक प्रचलित पुराण है। इस पुराण का सप्ताह-वाचन-पारायण भी होता है। इसे सभी दर्शनों का सार "निगमकल्पतरोर्गलितम्" और विद्वानों का परीक्षास्थल "विद्यावतां भागवते परीक्षा" माना जाता है। इसमें श्रीकृष्ण की भक्ति के बारे में बताया गया है।

इसमें कुल 12 स्कन्ध, 335 अध्याय और 18,000 श्लोक हैं। कुछ विद्वान् इसे "देवीभागवतपुराण" भी कहते हैं, क्योंकि इसमें देवी (शक्ति) का विस्तृत वर्णन हैं। इसका रचनाकाल लगभग 6वी शताब्दी माना जाता है।

भागवत पुराण को श्रीमद्भावतम के नाम से भी जाना जाता है, यह हिंदू धर्म के सबसे लोकप्रिय पुराणों में से एक है। इसमें विशेष रूप से श्री कृष्ण के रूप विष्णु के अवतार को बताया गया है। भागवत पुराण में ब्रह्मांड की उत्पत्ति और विष्णु के विभिन्न अवतारों की व्याख्या वृहत रूप से की गई है।

भगवान कृष्ण की कहानी, उनके माता पिता देवकी और वासुदेव के साथ उनके जन्म के साथ शुरू होती है और गोकुल में उनके बचपन, राधा के लिए उनके प्रेम, राक्षसों से युद्ध और उनके स्वर्ग निवास पर उनकी वापसी के बारे में भी इस पुराण में बताया गया है।

भागवत पुराण का कई भाषाओं में अनुवाद भी किया गया है। यह पुराण सदियों से

विष्णु और कृष्ण के भक्तों के लिए प्रेरणा तथा मार्गदर्शन का स्त्रोत रहा है।

᭡

सुमंत्र विचार

धर्मज्ञो धर्मकर्ता च सदा धर्मपरायणः।
तत्त्वेभ्यः सर्वशास्त्रार्थादेशको गुरुरुच्यते॥

अर्थात : धर्म को जाननेवाले, धर्म मुताबिक आचरण करनेवाले, धर्मपरायण, और सब शास्त्रों में से तत्त्वों का आदेश करनेवाले गुरु कहे जाते हैं।

᭡

38

नारद पुराण

नारद (बृहन्नारदीय) पुराण : इस पुराण को महापुराण भी कहा जाता है। इसमें पुराण के 5 लक्षण घटित नहीं होते हैं। इसमें वैष्णवों के उत्सवों और व्रतों का वर्णन है। इसमें 2 खण्ड है : (क) पूर्व खण्ड में 125 अध्याय और (ख) उत्तर-खण्ड में 82 अध्याय हैं। इसमें 18,000 श्लोक हैं।

इस पुराण में मोक्ष, धर्म, नक्षत्र, एवं कल्प का निरूपण, व्याकरण, निरुक्त, ज्योतिष, गृहविचार, मन्त्रसिद्धि, वर्णाश्रम-धर्म, श्राद्ध, प्रायश्चित आदि का वर्णन है।

नारद पुराण ऋषि नारद द्वारा संकलित किया गया था जो भगवान विष्णु के भक्त थे। नारद पुराण में कैसे भगवान विष्णु ने अपने अस्तित्व से ब्रह्मांड का निर्माण किया और ब्रह्मांड के तत्व कैसे अस्तित्व में आए, इसका वर्णन किया गया है। ब्राह्मण, क्षत्रिय, वैश्य और शूद्र तथा उनके कर्तव्यों का वर्णन, गृहस्थों, तपस्वियों और राजाओं के कर्तव्य का भी वर्णन किया गया है।

नारद पुराण में बताया गया है कि कैसे कोई भी भगवान के नाम का जप करके, उनकी भक्ति सेवा करके, मुक्ति प्राप्त कर सकता है । भगवान विष्णु से जुड़े अनेकों अनुष्ठानों के बारे में, उनकी छवियों के बारे में, पूजा पाठ, भजन, यज्ञ, व्रत पालन, दान और तपस्या इत्यादि के बारे में बहुत ही सुंदर वर्णन किया गया है।

नारद पुराण में ही सतयुग, त्रेतायुग, द्वापरयुग तथा कलयुग का भी वर्णन प्राप्त होता है, जहां बताया गया है कि दुनिया एक युग से दूसरे युग में कैसे बदलती है। इस पुराण में बद्रीनाथ, रामेश्वरम तथा द्वारका सहित भारत के विभिन्न पवित्र स्थानों के बारे में भी लिखा गया है।

इस पुराण में मां गंगा नदी के महत्व के बारे में बताते हुए गंगा नदी से जुड़ी विभिन्न पवित्र स्थानों का वर्णन किया गया है, गंगा स्नान के महत्व व लाभ के बारे में भी बताया गया है।

✦

सुमंत्र विचार

अलसस्य कुतो विद्या अविद्यस्य कुतो धनम् ।
अधनस्य कुतो मित्रममित्रस्य कुतः सुखम् ॥

अर्थात : आलसी इन्सान को विद्या कहाँ ? विद्याविहीन को धन कहाँ ? धनविहीन को मित्र कहाँ ? और मित्रविहीन को सुख कहाँ ? !! अथार्त जीवन में इंसान को कुछ प्राप्त करना है तो उसे सबसे पहले आलस वाली प्रवृति का त्याग करना होगा।

✦

39
मार्कण्डेयपुराण

मार्कण्डेयपुराण : यह पुराण प्राचीनतम पुराण माना जाता है। इसमें इन्द्र, अग्नि, सूर्य आदि वैदिक देवताओं का वर्णन किया गया है। इसके प्रवक्ता मार्कण्डेय ऋषि और श्रोता क्रौष्टुकि शिष्य हैं। इसमें 138 अध्याय और 7,000 श्लोक हैं।

इसमें गृहस्थ-धर्म, श्राद्ध, दिनचर्या, नित्यकर्म, व्रत, उत्सव, अनुसूया की पतिव्रता-कथा, योग, दुर्गा-माहात्म्य आदि विषयों का वर्णन है।

मार्कंडेय पुराण के सबसे महत्वपूर्ण भागों में से एक देवी महात्मय है, जिसे दुर्गा सप्तशती या चंडी पाठ के रूप में भी जाना जाता है। इसमें राक्षस महिषासुर से देवी दुर्गा का युद्ध का वर्णन किया गया है।

इस पुराण में कर्म, धर्म और मोक्ष जैसे विभिन्न दार्शनिक अवधारणाओं पर प्रकाश डाला गया है। एक धर्मी जीवन जीने, अच्छे कर्म करने तथा वैराग्य का जीवन जीने के महत्व के बारे में भी बताया गया है।

अपनी धार्मिक और दार्शनिक ज्ञान के अतिरिक्त मार्कंडेय पुराण में खगोल, विज्ञान, भूगोल, चिकित्सा जैसे विषयों की एक विस्तृत श्रृंखला पर बहुमूल्य ज्ञान को प्रदान करता हैं।

इस पुराण में विभिन्न अनुष्ठानों और समारोहों का विस्तृत विवरण दिया है। हिंदू संस्कृति पौराणिक कथाओं तथा आध्यात्मिकता की अपनी समझ को गहरा करने

वाले इच्छुक लोगों के लिए यह सबसे महत्वपूर्ण पुराण है।

༺৹

सुमंत्र विचार

यस्य कृत्यं न विघ्नन्ति शीतमुष्णं भयं रतिः ।
समृद्धिरसमृद्धिर्वा स वै पण्डित उच्यते ॥

अर्थात : जो व्यक्ति सर्दी-गर्मी, अमीरी-गरीबी, प्रेम-धृणा इत्यादि विषय परिस्थितियों में भी विचलित नहीं होता और तटस्थ भाव से अपना राजधर्म निभाता है, वही सच्चा ज्ञानी है।

༺৹

40

अग्निपुराण

अग्निपुराण : इस पुराण के प्रवक्ता अग्नि और श्रोता वसिष्ठ हैं, इसी कारण इसे अग्निपुराण कहा जाता है। इसे भारतीय संस्कृति और विद्याओं का महाकोश माना जाता है। इसमें इस समय 383 अध्याय, 11,500 श्लोक हैं।

इसमें विष्णु के अवतारों का वर्णन है। इसके अतिरिक्त शिवलिंग, दुर्गा, गणेश, सूर्य, प्राणप्रतिष्ठा आदि के अतिरिक्त भूगोल, गणित, फलित-ज्योतिष, विवाह, मृत्यु, शकुनविद्या, वास्तुविद्या, दिनचर्या, नीतिशास्त्र, युद्धविद्या, धर्मशास्त्र, आयुर्वेद, छन्द, काव्य, व्याकरण, कोश निर्माण आदि नाना विषयों का वर्णन है।

अग्नि पुराण में अग्नि देवता, अग्नि की पूजा तथा अग्नि अनुष्ठानों के महत्व के विषय में वर्णन किया गया है।

हिंदू धर्म में पूजा पाठ के सबसे महत्वपूर्ण रूपों में से एक अग्नि को माना जाता है अग्नि पुराण में भी अग्नि के विभिन्न रूपों का वर्णन प्राप्त होता है। इस पुराण में पाँच महान अग्नियों के बारे में, अग्नियों की सात जिह्वाओं के बारे में तथा अग्नि के नौ रूपों के बारे में वर्णन किया गया है।

अग्नि पुराण ज्योतिष, खगोल विज्ञान व रत्न विज्ञान पर अपने व्यापक वर्गों के लिए उल्लेखनीय हैं, इसमें आकाशीय पिंडों की गति तथा मानव जीवन पर उनके प्रभाव का वर्णन किया गया है, इसके साथ ही विभिन्न गतिविधियों के लिए शुभ मुहूर्त की गणना करने के निर्देश भी दिए गए हैं।

इस पुराण में विभिन्न रत्नों और कीमती पत्थरों के गुणों तथा उपयोगिता की जानकारी का भी वर्णन किया गया है। अग्निपूजा और ज्योतिष पर इसके विशेष ध्यान के अतिरिक्त अग्नि पुराण में धर्म-कर्म मोक्ष की भी बारे में बताया गया है।

अग्नि पुराण में कई कहानियां भी हैं जिनमें से बहुत सी भगवान शिव और उनके परिवार से जुड़ी बताई गई हैं, उनमें से माता पार्वती के साथ शिव के विवाह, उनके पुत्र कार्तिकेय के जन्म और राक्षस त्रिपुरा के विनाश की कहानी भी पाई जाती है।

यह पुराण एक अच्छा जीवन जीने तथा आध्यात्मिक विकास प्राप्त करने के लिए मार्ग प्रदर्शित करता है।

सुमंत्र विचार

शुभं करोति कल्याणमारोग्यं धनसंपदा।
शत्रुबुद्धिविनाशाय दीपज्योतिर्नमोऽस्तुते॥

शुभ, आरोग्य और ऐश्वर्य देने वाले, वैमनस्य भावों का नाश करने वाले, दीप के प्रकाश को नमस्कार है।

41

भविष्यपुराण

भविष्यपुराण : इस पुराण में भविष्य की घटनाओं का वर्णन है। इसमें दो खण्ड है:–(क) पूर्वार्ध तथा (ख) उत्तरार्ध। इसमें कुल 15,000 श्लोक हैं तथा कुल पांच पर्व है:–

(क) ब्राह्मपर्व

(ख) विष्णुपर्व

(ग) शिवपर्व

(घ) सूर्यपर्व

(ङ) प्रतिसर्गपर्व

इसमें मुख्यतः ब्राह्मण-धर्म, आचार, वर्णाश्रम-धर्म आदि विषयों का वर्णन है। इसका रचनाकाल लगभग 500 ई. से 1200 ई. माना जाता है।

भविष्य पुराण में ब्रह्मांड के निर्माण और पृथ्वी पर जीवन की उत्पत्ति, भगवान विष्णु के विभिन्न अवतारों के विषय में वर्णन प्राप्त होता है। इस पुराण में भगवान कृष्ण के रूप में विष्णु के जन्म तथा कुरुक्षेत्र युद्ध का विवरण प्राप्त होता है।

इसी पुराण में राम के जीवन, रावण और अन्य राक्षसों के साथ उनकी लड़ाई तथा

अयोध्या में उनकी अंतिम वापसी तथा रामायण का विस्तृत विवरण है जो हिंदू धर्म के सबसे महत्वपूर्ण महाकाव्य में से एक है।

भविष्य पुराण में ज्योतिष और भविष्यवाणी यह दोनों के बारे में बताया गया है तथा इसमें विभिन्न खगोलीय घटनाओं और हिंदू पौराणिक कथाओं में उनके महत्व का विस्तृत वर्णन है, साथ ही विभिन्न नक्षत्र, तिथियों व उनके महत्व तथा ज्योतिष में विभिन्न ग्रहों के महत्व के बारे में भी बताया गया है।

इस पुराण में भविष्य की घटनाओं के बारे में कई भविष्यवाणियां भी है जिनमें से कल्कि अवतार का आगमन भी महत्वपूर्ण है। भगवान विष्णु के अंतिम अवतार कलयुग में यानी वर्तमान युग के अंत में प्रकट होने के विषय में विवरण मिलता है। भविष्य पुराण एक भविष्यवाणी का काम करता है।

भविष्य पुराण में हिंदू धर्म और संस्कृति के विभिन्न पहलुओं के बारे में बताया गया है, हिंदू धर्म से जुड़े विभिन्न अनुष्ठानों, समारोह, पूजा पाठ तथा विभिन्न व्रत-त्योहार का पालन करने के महत्व के बारे में बताया गया है।

42

ब्रह्मवैवर्तपुराण

ब्रह्मवैवर्तपुराण : यह वैष्णव पुराण है। इसमें श्रीकृष्ण के चरित्र का वर्णन किया गया है। इसमें कुल 18,000 श्लोक हैं और चार खण्ड हैं :

(क) ब्रह्म

(ख) प्रकृति

(ग) गणेश

(घ) श्रीकृष्ण-जन्म।

इस पुराण का पहला भाग ब्रह्म खंड में मुख्य रूप से सृष्टि, ब्रह्मांड, विज्ञान और देवताओं की वंशावली से संबंधित है।

दूसरा भाग प्रकृति खंड देवी तथा उनकी अभिव्यक्ति ऊपर केंद्रित है।

तीसरा भाग गणेश खंड भगवान गणेश की पूजा के लिए समर्पित है ।

चौथा भाग कृष्ण जन्म खंड यह सबसे महत्वपूर्ण कृष्ण के जीवन से संबंधित है।

इस पुराण में भगवान कृष्ण का जन्म, उनके बचपन, उनकी लीला उनके राक्षसों

के साथ युद्ध, गोपियों का संग के साथ साथ अनेकों दिव्य लीलाओं का वर्णन है।

इस पुराण में योग, ध्यान, भगवान कृष्ण की भक्ति सहित अन्य आध्यात्मिकताओं पर भी बहुत महत्वपूर्ण ज्ञान बताए गए हैं। इस पुराण में भगवान कृष्ण की पूजा के बारे में बताया गया है, साथ ही जन्म और मृत्यु के चक्र से मुक्ति पाने की कुंजी के रूप में श्री कृष्ण के भक्ति के महत्व को कहा है।

43

लिङ्गपुराण

लिङ्गपुराण : इस पुराण में भगवान शिव की उपासना का वर्णन है। इसमें शिव के 28 अवतारों की कथाएँ दी गई हैं। इसमें 11,000 श्लोक और 163 अध्याय हैं। इसे पूर्व और उत्तर नाम से दो भागों में विभाजित किया गया है। इसका रचनाकाल लगभग आठवीं-नवीं शताब्दी माना जाता है।

लिंग पुराण को सबसे महत्वपूर्ण शास्त्र में से एक माना जाता है, यह पुराण दो भागों में बांटा गया है जिसका पहला भाग में ब्रह्मांड के निर्माण से संबंधित है तथा दूसरा भाग शिव के लिंग रूप में उनकी पूजा से सम्बंधित है।

यह भक्ति के महत्व तथा योग के विभिन्न रूपों का वर्णन करता है जिनका अभ्यास मुक्ति प्राप्त करने के लिए किया जा सकता है। इस पुराण में लिंग रूप में शिव की पूजा, अन्य अनुष्ठानों को करने के बारे में विस्तृत निर्देश तथा इस पूजा के माध्यम से प्राप्त हो सकने वाले विभिन्न लाभ और आशीर्वाद भी वर्णित हैं। इनमें शिव के विभिन्न रूपों और उनसे जुड़ी कहानियों का भी चर्चा किया गया है। लिंग पुराण के सबसे महत्वपूर्ण खंडों में से एक शिव गीता है जो भगवान शिव द्वारा अपनी पत्नी पार्वती को दिया गया उपदेश है।

लिंग पुराण में भगवान शिव से जुड़ी कई कहानियां हैं जिसमें पार्वती से उनका विवाह, राक्षस जालंधर की कहानी और दूध के सागर का मंथन यानी समुद्र मंथन के बारे में भी वर्णन किया गया है।

सुमंत्र विचार

नित्यानन्दकरी वराभयकरी सौन्दर्यरत्नाकरी
निर्धूताखिलघोरपावनकरी प्रत्यक्षमाहेश्वरी।
प्रालेयाचलवंशपावनकरी काशीपुराधीश्वरी
भिक्षां देहि कृपावलम्बनकरी माताऽन्नपूर्णेश्वरी॥१॥

शाश्वत सुख की दाता, जो वरदान देने के साथ-साथ निर्भयता, सौंदर्य के सागर का आश्वासन देती हैं। जो भयानक पापों का नाश कर पवित्रता प्रदान करती हैं, देवी माहेश्वरी का प्रकट रूप। जिन्होंने बर्फ से भरे पहाड़ की वंशावली को शुद्ध किया (हिमवंत - अपनी बेटी, देवी पार्वती के रूप में प्रकट होकर), हे काशी की देवी, कृपया मुझे भिक्षा (भिक्षा दें), हे देवी अन्नपूर्णेश्वरी, जो करुणा द्वारा सहायता प्रदान करती हैं।

44

वराहपुराण

वराहपुराण : इसमें विष्णु के वराह-अवतार का वर्णन है। पाताललोक से पृथिवी का उद्धार करके वराह ने इस पुराण का प्रवचन किया था। इसमें 24,000 श्लोक सम्प्रति केवल 11,000 और 217 अध्याय हैं।

इसमें भगवान श्रीहरि के वराह अवतार की मुख्य कथा के साथ अनेक तीर्थों (मुख्यतः सोरों सूकरक्षेत्र), व्रत, यज्ञ-हवन, श्राद्ध-तर्पण, दान और अनुष्ठान आदि का शिक्षाप्रद और आत्मकल्याणकारी वर्णन है।

भगवान श्रीहरि की महिमा, पूजन-विधान, हिमालय की पुत्री के रूप में गौरी की उत्पत्ति का वर्णन और भगवान शंकर के साथ उनके विवाह की रोचक कथा इसमें विस्तार से वर्णित है।

इसके अतिरिक्त इस पुराण में सोरों सूकर(वराह) क्षेत्रवर्ती आदित्यतीर्थ, चक्रतीर्थ, रूपतीर्थ, योगतीर्थ, सोमतीर्थ, शाखोटकतीर्थ, वैवस्वततीर्थ आदि तीर्थों का वर्णन, भगवान् श्रीकृष्ण और उनकी लीलाओं के प्रभाव से मथुरामण्डल और व्रज के समस्त तीर्थों की महिमा और उनके प्रभाव का विशद तथा रोचक वर्णन किया गया है।

45

स्कन्दपुराण

स्कन्दपुराण : यह पुराण शिव के पुत्र स्कन्द (कार्तिकेय, सुब्रह्मण्य) के नाम पर है। यह सबसे बड़ा पुराण है तथा इस पुराण में कुल 81,000 श्लोक हैं। इसमें दो खण्ड हैं तथा छः संहिताएँ हैं—सनत्कुमार, सूत, शंकर, वैष्णव, ब्राह्म तथा सौर। इस संहिता के अन्त में दो गीताएँ भी हैं— ब्रह्मगीता और सूतगीता।

इस पुराण में सात खण्ड हैं—(क) माहेश्वर, (ख) वैष्णव, (ग) ब्रह्म, (घ) काशी, (ङ) अवन्ती, (रेवा), (च) नागर (ताप्ती) तथा (छ) प्रभास-खण्ड।

इस पुराण के काशीखण्ड में "गंगासहस्रनाम" स्तोत्र भी है। इसका रचनाकाल लगभग 7वीं शताब्दी है।

इस पुराण में लौकिक और पारलौकिक ज्ञान के अनन्त उपदेश भरे हैं।

इस पुराण में धर्म, सदाचार, योग, ज्ञान तथा भक्ति के सुन्दर विवेचन के साथ अनेकों साधु-महात्माओं के सुन्दर चरित्र पिरोये गये हैं। आज भी इसमें वर्णित आचारों, पद्धतियों के दर्शन हिन्दू समाज के घर-घर में किये जा सकते हैं।

इसके अतिरिक्त इसमें भगवान शिव की महिमा, सती-चरित्र, शिव-पार्वती-विवाह, कार्तिकेय-जन्म, तारकासुर-वध आदि का मनोहर वर्णन है।

इस पुराण में काशी खंड सर्व प्रसिद्ध है।

46

वामनपुराण

वामनपुराण : इस पुराण में भगवान श्री विष्णु के दिव्य माहात्म्य के विषय में लिखा गया है, जिसमें विष्णु जी वामन- रूप में अवतार लिए थे। इसमें 95 अध्याय और 10,000 श्लोक हैं।

इस पुराण में भगवान वामन के साथ नर-नारायण, भगवती दुर्गा के उत्तम चरित्र तथा साथ साथ प्रह्लाद आदि भक्तों के बड़े रम्य आख्यान हैं।

इसके अतिरिक्त वामन पुराण में भगवान शिवजी का लीला-चरित्र, जीवमूर्तवाहन-आख्यान, दक्ष-यज्ञ-विध्वंस, हरिका कालरूप, कामदेव-दहन, अंधक-वध, लक्ष्मी-चरित्र, प्रेतोपाख्यान, विभिन्न व्रत, स्तोत्र और विष्णु भक्ति के उपदेशों का इस पुराण में वर्णन है।

इस पुराण में अध्यात्म-विवेचन, कलिकर्म व सदाचार आदि पर भी प्रकाश डाला गया है और इसमें ब्रह्माण्ड विज्ञान और पुराण के विशिष्ट पौराणिक कथाओं का वर्णन किया गया है।

47

कूर्मपुराण

कूर्मपुराण : इस पुराण में श्री विष्णु के कूर्म-अवतार का वर्णन किया गया है। इसमें चार संहिताएँ हैं—(क) ब्राह्मी, (ख) भागवती, (ग) सौरा तथा (घ) वैष्णवी । सम्प्रति केवल ब्राह्मी-संहिता ही मिलती है।

इसमें 17,000 श्लोक हैं। इसके दो भाग हैं, जिसमें 51 और 44 अध्याय हैं। इसमें पुराण के पाँचों लक्षण मिलते हैं। इस पुराण में ईश्वरगीता और व्यासगीता भी है। इसका रचनाकाल लगभग 6वी शताब्दी माना गया है।

सर्वप्रथम भगवान विष्णु ने कूर्म अवतार धारण करके इस पुराण को राजा इन्द्रद्युम्न को सुनाया था, दूसरी बार भगवान कूर्म ने उसी कथानक को समुद्र-मन्थन के समय इन्द्र आदि समस्त देवताओं तथा नारद आदि ऋषिगणों से कहा था। तीसरी बार नैमिषारण्य के द्वादश वर्षीय महासत्र के अवसर पर रोमहर्षण सूत जी के द्वारा इस पवित्र पुराण को सुनने का सौभाग्य अट्ठासी हजार ऋषियों को प्राप्त हुआ था।

भगवान कूर्म द्वारा कथित होने के कारण ही इस पुराण का नाम कूर्म पुराण विख्यात है। इस पुराण में विष्णु और शिव की अभिन्नता के बारे में बताया गया है। इसी पुराण में पार्वती के आठ सहस्र नाम भी कहे गये हैं तथा काशी क्षेत्र व प्रयाग क्षेत्र का महात्म्य आदि भी इसमें वर्णित हैं।

48

मत्स्यपुराण

मत्स्यपुराण : मत्स्य पुराण में भगवान श्री विष्णु के मत्स्य अवतार के मुख्य कथा को बताया गया है। इस पुराण में अनेक तीर्थ, व्रत, यज्ञ, दान आदि का विस्तृत रूप में वर्णित किया गया है।

इसमें 291 अध्याय और 14,000 श्लोक हैं। प्राचीन संस्करणों में 19,000 श्लोक मिलते हैं।

इसमें कलियुग के राजाओं की सूची दी गई है। इसका रचनाकाल तीसरी शताब्दी माना जाता है।

इस पुराण में जल प्रलय, मत्स्य व मनु के संवाद, राजधर्म, तीर्थयात्रा, दान महात्म्य, प्रयाग महात्म्य, काशी महात्म्य, नर्मदा महात्म्य, मूर्ति निर्माण माहात्म्य एवं त्रिदेवों की महिमा आदि पर भी विशेष प्रकाश डाला गया है।

इस पुराण में कृष्णाष्टमी, गौरितृतीया, अक्षयतृतीया, सरस्वती, भीमद्वादशी आदि व्रत का महत्व बताया गया है।

49

गरूड़पुराण

गरूड़पुराण : यह वैष्णव पुराण है, इसमें विष्णुपूजा का वर्णन किया गया है। इसके प्रवक्ता विष्णु और श्रोता गरुड़ हैं, गरुड ने कश्यप को सुनाया था। इस पुराण के दो खण्ड हैं, जिसमें पूर्वखण्ड में 229 और उत्तरखण्ड में 35 अध्याय है तथा लगभग 18,000 श्लोक हैं।

यह पुराण सनातन धर्म में मृत्यु के बाद सद्गति प्रदान करने वाला माना जाता है। इसलिये सनातन हिन्दू धर्म में मृत्यु के बाद गरुड़ पुराण के श्रवण का प्रावधान कहा गया है। इस पुराण के अधिष्ठातृ देव भगवान श्री विष्णु जी हैं।

इसमें भक्ति, ज्ञान, वैराग्य, सदाचार, निष्काम कर्म की महिमा का वर्णन किया गया है। साथ ही यज्ञ, दान, तप तीर्थ आदि शुभ कर्मों में सर्व साधारण को प्रवृत करने के लिये अनेक लौकिक और पारलौकिक फलों का वर्णन भी दिया गया है।

इसके अतिरिक्त इस पुराण में आयुर्वेद, नीतिसार आदि विषयों के वर्णन के साथ मृत जीव के अन्तिम समय में किये जाने वाले कृत्यों का विस्तार से निरूपण किया गया है। आत्मज्ञान का विवेचन भी इस पुराण का मुख्य विषय है।

इस पुराण में मनु से सृष्टि की उत्पत्ति, ध्रुव चरित्र और बारह आदित्यों की कथा, सूर्य और चन्द्र ग्रहों के मंत्र, शिव-पार्वती मंत्र, इन्द्र से सम्बन्धित मंत्र, सरस्वती के मंत्र और नौ शक्तियों के विषय में विस्तार से बताया गया है।

इसके अतिरिक्त इस पुराण में श्राद्ध-तर्पण, मुक्ति के उपायों तथा जीव की गति का विस्तृत वर्णन मिलता है।

सुमंत्र विचार

राम राम महाबाहो शृणु गुह्यं सनातनम्।
येन सर्वानरीन् वत्स समरे विजयिष्यसे॥

राम! राम! महाबाहु! यह सनातन गोपनीय सनातन स्तोत्र सुनो। वत्स! इसके जप से तुम युद्ध में अपने समस्त शत्रुओं पर विजय पा जाओगे।

50

ब्रह्माण्डपुराण

ब्रह्माण्डपुराण : इसमें 109 अध्याय तथा 12,000 श्लोक है। इसमें चार पाद हैं—(क) प्रक्रिया, (ख) अनुषङ्ग, (ग) उपोद्घात तथा (घ) उपसंहार। इसकी रचना लगभग 400 ई.- 600 ई. मानी जाती है।

ब्रह्माण्ड का वर्णन करने वाले वायु ने वेदव्यास जी को दिये हुए इस बारह हजार श्लोकों के पुराण में विश्व का पौराणिक भूगोल, विश्व खगोल, अध्यात्मरामायण आदि विषय वर्णित हैं।

इस पुराण में कर्तव्य का उपदेश, नैमिषा आख्यान, हिरण्यगर्भ की उत्पत्ति, लोकरचना, कल्प, मन्वन्तर, लोकज्ञान, मानुषी-सृष्टि-कथन रुद्रसृष्टि-वर्णन, महादेव विभूति ऋषि सर्ग अग्निविजय कालसदभाव-वर्णन, प्रियवत वंश का वर्णन, पृथ्वी का दैर्घ्य और विस्तार, भारतवर्ष का वर्णन,अन्य वर्षों का वर्णन, जम्बू आदि सात द्वीपों का परिचय, देवग्रहानुकीर्तन, भगवान शिव के नीलकण्ठ नाम पड़ने का कथन, महादेवजी का वैभव अमावस्या का वर्णन, पृथ्वीदोहन चाक्षुषु और वर्तमान मनवन्तर के सर्ग आदि का वर्णन है।

आगे सप्तऋषियों, प्रजापति वंश का निरूपण, उससे देवता आदि की उत्पत्ति, विजय अभिलाषा और मरुद्गणों की उत्पत्ति, कश्यप की संतानों का वर्णन, ऋषिवंश निरूपण पितृकल्प का कथन, श्राद्धकल्प का कथन, वैवस्त मनु की उत्पत्ति, उनकी सृष्टि मनुपुत्रों का वंश, गान्धर्व निरूपण, इक्ष्वाकु वंश का वर्णन, शुक्राचार्यकृत इन्द्र का पवित्र स्तोत्र, देवासुर संग्राम की कथा, विष्णुमाहात्म्य,

बलिवंश निरूपण, कलियुग में होने वाले राजाओं का चारित्रादि बताए गए हैं।

इसके बाद भविष्य में होने वाले मनुओं की कथा भी कही गयी है, विपरीत कर्मों से प्राप्त होने वाले नरकों का विवरण भी लिखा गया है तथा शिवधाम का वर्णन, सत्व आदि गुणों के सम्बन्ध से जीवों की त्रिविधि गति का निरूपण, परब्रह्म परमात्मा के स्वरूप का प्रतिपादन भी इस पुराण में किया गया है।

सुमंत्र विचार

अभिवादनशीलस्य नित्यं वृद्धोपसेविनः।
चत्वारि तस्य वर्धन्ते आयुर्विद्या यशोबलं।।

भावार्थ: बड़े-बुजुर्गों का अभिवादन अर्थात नमस्कार करने वाले और बुजुर्गों की सेवा करने वालों की 4 चीजें हमेशा बढ़ती हैं। ये 4 चीजें हैं: आयु, विद्या, यश और बल। इसी वजह से हमेशा वृद्ध और स्वयं से बड़े लोगों की सेवा व सम्मान करना चाहिए।

रामायण

51

रामायण

रामायण संस्कृत के रामायणं शब्द राम + आयणं से बना है। जिसका शाब्दिक अर्थ है "राम की जीवन यात्रा"। संस्कृत में लिखे श्री राम की गाथा को आदि काव्य कहा जाता है जिसे महर्षि वाल्मीकि ने लिखा है, वाल्मीकि जी को आदि कवि भी कहा जाता है। रामायण के सात अध्याय हैं जिन्हें सात काण्ड के नाम से जाना जाता है। रामायण में कुल लगभग 24,000 श्लोक हैं। हिंदू शास्त्र अनुसार भगवान विष्णु ने राम का अवतार मृत्यु लोक में मानव जाति को आदर्श जीवन जीने हेतु मार्गदर्शन प्रदान करने के लिए लिया था। रामायण में राम ने रावण का वध कर धर्म की पुनर्स्थापना की थी।

रामायण जो सात काण्डों में विभाजित है जो इस प्रकार है:

बालकाण्ड, अयोध्यकाण्ड, अरण्यकाण्ड, किष्किन्धाकाण्ड, सुन्दरकाण्ड, लङ्काकाण्ड और उत्तरकाण्ड।

52

बालकाण्ड

अयोध्या में एक राजा दशरथ थे एवं उनकी तीन पत्नियां कौशल्या, सुमित्रा व कैकयी थी। किंतु उनकी कोई संतान नहीं थी, संतान प्राप्ति हेतु राजा दशरथ अपने गुरु विशिष्ट की आज्ञा से पुत्रकामेष्टि यज्ञ करवाएं और उस यज्ञ को संपन्न करने वाले ऋषि ऋृंगी थे। अग्निदेव उनकी भक्ति पूर्ण आहुतियां प्राप्त कर प्रसन्न हुए और स्वयं प्रकट होकर राजा दशरथ को हविष्यापात्र यानी खीर/ पायसम दिया तथा तीनों पत्नियों को बांट देने को कहा। राजा दशरथ ने खीर को तीनों पत्नियों को बांटा जिसके सेवन के परिणाम स्वरुप कौशल्या के गर्भ से श्रीराम, सुमित्रा के गर्भ से लक्ष्मण व शत्रुघ्न तथा कैकयी के गर्भ से भरत का जन्म हुआ। समय बीता राजकुमार बड़े हो चुके थे तथा ऋषि विश्वामित्र अपने आश्रम की राक्षसों से सुरक्षा हेतु राम और लक्ष्मण को राजा दशरथ से मांगने आए तथा उन्हें अपने साथ ले गए, जहां राम ने ताड़का व सुबहू जैसे राक्षसों को मार डाला तथा मारीच को बिना फल वाले बाण से मारकर समुद्र पार भेज दिया, वहीं लक्ष्मण ने राक्षसों की समस्त सेना का संहार कर डाला। सीता स्वयंवर में धनुषयज्ञ हो रहा था, जनक जी ने विश्वामित्र को भी निमंत्रित किया था, विश्वामित्र जी राम व लक्ष्मण जी के साथ जनकपुर मिथिला नगरी निकले जहां रास्ते में गौतम मुनि की पत्नी अहिल्या का श्रीराम ने उद्धार किया। मिथिला में श्री राम ने शिव धनुष को उठाया और शिव धनुष बीच से ही टूट गया, श्री राम ने सीता जी से विवाह किया तथा राम सीता विवाह के साथ ही गुरु वशिष्ठ ने भरत का मांडवी से, लक्ष्मण का उर्मिला से व शत्रुघ्न का श्रुतकीर्ति से संपन्न करवाया।

53

आयोध्याकाण्ड

राम जी के विवाह के कुछ समय बाद श्री राम का राज्याभिषेक होने की तैयारी होने लगी किंतु कैकयी की दासी मंथरा ने उनका बुद्धि फेर दिया और मंथरा की सलाह लेकर कैकई कोपभवन में चली गई। दशरथ के मनाने पर कैकयी ने उनसे वरदान मांगे कि भरत को राजा बनाएं तथा राम को 14 वर्ष का वनवास भेजें। राम के साथ पत्नी सीता तथा भाई लक्ष्मण भी वन गए। ॠंगवेरपुर के निषाद राज ने तीनों की बहुत सेवा की, रोका पर कुछ आनाकानी करने पर केवट ने गंगा नदी के पार उन्हें उतारा। प्रयाग पहुंचकर राम ने भारद्वाज मुनि से भेंट की तथा यमुना में स्नान करके वाल्मीकि ऋषि के आश्रम पहुंचे, वाल्मीकि मंत्रणानुसार राम, सीता व लक्ष्मण चित्रकूट में निवास करने लगे। अयोध्या में पुत्र वियोग के कारण राजा दशरथ के प्राण चले गए, गुरु वशिष्ट ने भरत व शत्रुघ्न को उनके ननिहाल से वापस बुला लिया। भरत ने अपनी माता कैकयी की कुटिलता की बहुत-बहुत भर्त्सना की तथा गुरुजनों की आज्ञा अनुसार राजा दशरथ की अंत्येष्टि क्रिया की। भरत ने राजा बनने से मना किया तथा राम को मनाकर वापस अयोध्या लाने के लिए सभी स्नेही जनों के साथ चित्रकूट चले गए, सभी ने राम से बहुत निवेदन किया किंतु राम ने पिता की आज्ञा का पालन तथा रघुवंश रीति निभाने के लिए जाने से मना कर दिया। कैकयी भी अत्यंत पश्चाताप कर रही थी फिर अपने स्नेही जनों के साथ राम की पादुका लेकर भरत वापस अयोध्या आए तथा राम पादुका को राज सिंहासन पर रख स्वयं नंदीग्राम रहने लगे।

54

अरण्यकाण्ड

राम जी ने चित्रकूट से कुछ काल बाद प्रयाण कर अत्रि ऋषि के आश्रम पहुंचे, उसके बाद वहां से प्रस्थान कर सर शरभंग मुनि के पास गए, शरभंग मुनि केवल राम दर्शन की कामना से वहां निवास कर रहे थे और राम दर्शनों की अपनी अभिलाषा पूर्ण होने से योगअग्नि से अपने शरीर जला डाले तथा ब्रह्मलोक को गमन किया। वहां से प्रस्थान करने पर राम को जगह-जगह हड्डियों के ढ़ेर दिखाई दिए, ऋषियों ने श्रीराम को बताया कि वे राक्षसों द्वारा खाए गए मुनियों की हड्डियां हैं, इस पर रामजी ने प्रतिज्ञा की कि वे समस्त राक्षसों का वधकर पृथ्वी को राक्षस विहीन करेंगे। आगे पथ में सुतीक्ष्ण, अगस्त्य आदि ऋषियों से भेंट कर दंडकवन गए, वहां जटायु से भेंट किया। श्रीराम ने पंचवटी को अपना निवास स्थान बनाया, जहां रावण की बहन शूपर्णखा ने राम से प्रणय निवेदन किया तब राम ने कहा कि वे अपनी पत्नी के साथ हैं, उनका छोटा भाई अकेला है और वह उसे लक्ष्मण के पास भेज दिए। लक्ष्मण जी ने भी प्रणय निवेदन अस्वीकार किया तथा जब ज्ञात हुआ कि वह शत्रु की बहन है तो उनके नाक काट डालें। शूपर्णखा ने खर दूषण से मदद मांगी तो वह अपनी सेना के साथ लड़ने आया किंतु राम ने लड़ाई में खर दूषण व उसकी सेना का संहार कर दिया। शूपर्णखा अपने भाई रावण के पास गई और सारी बातें कहीं, तब रावण ने बदला लेने के लिए मरीज को स्वर्णमृग बनाकर भेजा। सीता के स्वर्णमृग के मांग करने पर श्री राम ने लक्ष्मण जी को सीता की रक्षा का आज्ञा देकर स्वर्णमृग रूपी मारीच के पीछे चले गए। रामजी ने मारीच को मार दिया मरते समय मारीच ने छल से श्री राम की आवाज में रोते हुए लक्ष्मण जी को पुकारा, जिसे सुन सीता जी ने लक्ष्मण को राम जी के पास भेज दिया। लक्ष्मण जी के जाने के बाद रावण में अकेली सीता को छल पूर्ण हरण कर लिया और अपने

साथ लंका ले गया, जहां रास्ते में जटायु ने सीता को बचाने के लिए रावण से युद्ध किया, किंतु रावण ने जटायु पर तलवार से प्रहार कर उन्हें अधमरा कर दिया। सीता जी के ना मिलने से श्री राम जी बहुत दुखी हुए और वे विलाप करने लगे। राम जी, सीता को ढूंढने लगे तब उन्हें घायल जटायु मिले उन्होंने रामजी से सारा वृतांत बताते हुए कहा कि रावण माता सीता को दक्षिण दिशा की ओर ले गया है, उन्होंने सीता को बचाने का बहुत प्रयास किया किंतु रावण ने उन्हें अधमरा कर दिया और वह वहीं राम के गोद में अपने प्राण त्याग दिए। राम ने उनका अंतिम संस्कार किया और सीता की खोज में आगे सघन वन में गए, जहां रास्ते में दुर्वासा के शाप से राक्षस बने गंधर्व कबंध का वध कर उद्धार किया। फिर आगे शबरी के आश्रम गए जहां शबरी के भक्ति भाव से युक्त उसके झूठे बेर खाए और सघन वन के अंदर सीता को ढूंढने आगे बढ़ गए।

55

किष्किन्धाकाण्ड

रामजी ऋष्यमूक पर्वत के तरफ बढ़े जहां सुग्रीव अपने मंत्रियों के साथ रहते थे। राम लक्ष्मण को आता देख सुग्रीव को लगा कि उसका भाई बालि ने उसे मारने के लिए तो नहीं भेजा दोनों को, वह आशंका को दूर करने के लिए हनुमान जी को ब्राह्मण रूप में राम लक्ष्मण के पास भेजा। बालि द्वारा ना भेजे गये, हनुमान द्वारा प्रभु राम और लक्ष्मण जी के विषय में सुना फिर हनुमान जी द्वारा राम सुग्रीव की मित्रता कराई गई। माता सीता को ढूंढने में सुग्रीव उनका साथ देंगे तथा माता को अवश्य ढूंढ निकालेंगे की सांत्वना दी, फिर भाई बालि द्वारा सुग्रीव पर हो रहे अत्याचार की आपबीती श्रीराम से बताई, श्री राम जी ने बालि का वध किया और सुग्रीव को किष्किंधा का राज्य दिया तथा बालि के पुत्र अंगद को युवराज बनाया। राज्य मिलने के बाद सुग्रीव विलासी हो गया और वर्षा ऋतु व शरद ऋतु बीत गई, जिससे राम की नाराजगी उन्हें दिखी, फिर वानरों को सीता की खोज हेतु उन्होंने भेजा, वानर खोज के लिए निकल पड़े उन्हें एक गुफा में एक तपस्विनी के दर्शन मिले। उसने समस्त वानरों को योग शक्ति से समुद्र तट पर पहुंचा दिया, जहां संपाती से उनकी भेंट हुई और उसने वानरों से कहा कि रावण ने सीता को लंका की अशोक वाटिका में रखा है, हनुमान जी को समुद्र लांघने के लिए जामवंत जी द्वारा उत्साहित किया गया।

56

लंकाकाण्ड

जाम्बवन्त जी के आदेशानुसार नल-नील दोनों भाइयों ने वानर सेना की मदद से समुद्र पर पुल बनाया तथा राम ने श्री रामेश्वर की स्थापना करके भगवान शंकर की पूजा की और सेना सहित समुद्र के पार उतर गये एवं अपनी वानरसेना के साथ मेरु पर्वत पर रहने लगे। पुल बन जाने और राम के समुद्र के पार आने की खबर सुन रावण अत्यन्त व्याकुल होने लगा। मन्दोदरी ने बहुत समझया की वे राम से बैर न ले किंतु रावण का अहंकार नहीं गया। अंगद राम के दूत बन कर लंका में रावण के पास गये और उसे राम के शरण में आने का संदेश दिया किन्तु रावण ने मना कर दिया।

शान्ति के लिए बहुत प्रयास किया गया किंतु अंततः युद्ध की तैयारी करनी पड़ी। लक्ष्मण व मेघनाद के मध्य घोर युद्ध हुआ जिसमें शक्तिबाण के वार से लक्ष्मण मूर्छित हो गये और उनके उपचार हेतु हनुमान सुषेण वैद्य को लाये तथा खुद संजीवनी लाने निकल गये। रावण ने हनुमान के कार्य को बाँधित करने हेतु कालनेमि को भेजा जिसका हनुमान ने वध कर दिया। औषधि नही पहचान पाने पर हनुमान पूरे पर्वत को ही उठाकर चल दिये। हनुमान को राक्षस जान होने भरत ने बाण मार कर मूर्छित कर दिया पर सच सुन वे अपने बाण पर बैठा वापस लंका भेज दिया। औषधि आने में विलम्ब होने लगा जिससे राम प्रलाप करने लगे किंतु सही समय पर हनुमान औषधि लेकर आ गये और सुषेण के उपचार से लक्ष्मण स्वस्थ हो गये।

रावण ने युद्ध हेतु कुम्भकर्ण को जगाया और कुम्भकर्ण ने भी रावण को राम

की शरण में जाने की असफल मन्त्रणा दी। युद्ध में कुम्भकर्ण ने राम के हाथों परमगति प्राप्त की। युद्ध में लक्ष्मण द्वारा मेघनाद का वध हुआ उसके बाद राम और रावण के मध्य अनेकों घोर युद्ध हुऐ और अन्त में रावण राम के हाथों मारा गया।विभीषण को लंका का राज्य सौंप कर राम, सीता और लक्ष्मण के साथ पुष्पकविमान पर चढ़ कर अयोध्या के लिये निकल गए।

57

सुन्दरकाण्ड

हनुमान जी लंका की ओर बढ़े, जहां सुरसा ने हनुमान की परीक्षा ली और उसे योग्य तथा सामर्थ्यवान देख आशीर्वाद दिया। फिर आगे बढ़ने पर हनुमान ने छाया पकड़ने वाली राक्षसी का वध किया और लंकिनी पर प्रहार करके लंका में प्रवेश किया, वहां वे विभीषण से मिले। अशोकवाटिका में हनुमान ने देखा रावण सीता को धमका रहा था पर रावण के जाने पर त्रिजटा राक्षसनी ने सीता को सान्तवना दे रही थी। मौका देख हनुमान जी ने सीता माता से भेंट की तथा राम की मुद्रिका दी। हनुमान ने अशोकवाटिका तहस नहस कर दी और रावण के पुत्र अक्षय कुमार का वध किया पर मेघनाथ ने हनुमान को नागपाश में बांध रावण की सभा में ले गया। रावण के पूछने पर हनुमान ने स्वयं को राम का दूत कहा। रावण ने हनुमान की पूँछ में तेल में डूबा हुआ कपड़ा बांध कर आग लगा दी इस पर हनुमान ने लंका का दहन कर दिया।

हनुमान सीता के पास पहुँचे और सीता ने अपनी चूड़ामणि दे कर उन्हें विदा किया। हनुमान वापस समुद्र पार आये सभी वानरों से मिले और सभी वापस सुग्रीव के पास चले गये। हनुमान के कार्य से राम अत्यन्त प्रसन्न हुये और राम वानरों की सेना के साथ समुद्रतट पर पहुँचे। लंका में रावण के भाई विभीषण ने उसे समझाया कि राम से बैर न लें इस पर रावण ने विभीषण को अपमानित कर लंका से निकाल दिया। विभीषण राम के शरण में आ गया और राम ने विभीषण को लंका का राजा घोषित कर दिया। राम ने समुद्र से रास्ता देने की विनती की पर उनकी विनती न मानने पर राम ने क्रोध किया और उनके क्रोध से डरकर समुद्र ने स्वयं आकर राम की विनती करने के पश्चात् नल और नील के द्वारा पुल बनाने का सुझाव दिया।

सुमंत्र विचार

न चोरहार्यं न राजहार्यं न भ्रातृभाज्यं न च भारकारि ।
व्यये कृते वर्धति एव नित्यं विद्याधनं सर्वधनप्रधानम् ॥

इस श्लोक का अर्थ है, कि विद्या एक ऐसी चीज है जिसे न ही कोई चोर चुरा सकता है, न ही राजा छीन सकता है और न ही भाइयों के बीच बंटवारा हो सकता है और यह एक ऐसा धन है जो सदेव खर्च करनें पर बढ़ता है | यह विद्या रूपी धन, सभी धनों से श्रेष्ठ है|

58

उत्तरकाण्ड

उत्तरकाण्ड राम कथा का उपसंहार है जहाँ सीता, लक्ष्मण और समस्त वानरसेना के साथ राम अयोध्या वापस पहुँचे। राम का भव्य स्वागत हुआ, भरत के साथ सर्वजनों में आनन्द व्याप्त हो गया। वेदों और शिव की स्तुति के साथ राम का राज्याभिषेक हुआ तथा अभ्यागतों की विदाई दी गई। राम ने प्रजा को उपदेश दिया और प्रजा ने कृतज्ञता प्रकट की। चारों भाइयों के दो दो पुत्र हुये। रामराज्य एक आदर्श बन गया।

वाल्मीकि रामायण में उत्तरकाण्ड का समापन राम के महाप्रयाण के बाद ही हुआ है। किंतु उत्तरकांड को लेकर कई तरह के विवाद भी हैं, ऐसा माना जाता हैं की उत्तरकांड मूल वाल्मीकि रामायण का हिस्सा नहीं हैं और इसमें कई कहानियां बाद में जोड़ी गई जो अलग अलग लेखकों द्वारा लिखी गई कहानियों को जोड़ कर तैयार किया गया हैं। उत्तरकांड मूल रामायण का हिस्सा नहीं हैं इसको लेकर कई विद्वान एकमत भी हैं।

महाभारत

महाभारत की कहानी बताती हैं समर्पण की प्रेरणा,
जो धर्म के लिए संघर्ष करती हैं।

59

महाभारत

भारत का एक प्रमुख काव्य ग्रंथ महाभारत है, जो स्मृति के इतिहास वर्ग में आता है। महाभारत विश्व का सबसे लंबा साहित्यिक ग्रंथ व महाकाव्य है जो हिंदू धर्म के प्रमुख ग्रंथों में से एक माना जाता है। महाभारत को 'पंचम वेद' भी माना जाता है और हिंदू धर्म का पवित्र ग्रंथ "भगवतगीता" महाभारत में ही सन्निहित है। परंपरागत तौर से इसकी रचना वेदव्यास जी द्वारा मानी जाती है।

महाभारत को पूर्ण करने में वेदव्यास जी को लगभग 3 वर्ष का समय लगा था। वेदव्यास जी ने मन ही मन महाभारत की रचना तो कर ली अपने ध्यान योग में स्थिर होकर, किंतु इसे लिखने के लिए सोच में पड़ गए कि बिना त्रुटि किए जैसा वह बोलते जाए वैसा ही लिखने वाला कहां मिलेगा? ब्रह्मा जी के कहने पर वे गणेश जी से मिले और फिर गणेश जी ने संपूर्ण महाभारत व्यास जी के कथन अनुसार लिखकर पूर्ण किया।

महाभारत में लगभग कुल 110000 श्लोक हैं। बाद में व्यास जी ने 24000 श्लोकों के साथ "भारत" काव्य लिखा। इन दोनों रचनाओं में धर्म की अधर्म पर विजय होने से इसे "जय" भी कहा जाने लगा।

वेदव्यास जी ने महाभारत में वेदों वेदांगों तथा उपनिषदों के गुह्यतमं रहस्यों का निरूपण किया है। न्याय, ज्योतिष, शिक्षा, युद्ध नीति, चिकित्सा, खगोल विद्या, योग शास्त्र, कामशास्त्र, धर्म शास्त्र, वास्तु शास्त्र, अर्थशास्त्र तथा शिल्पशास्त्र आदि का भी वर्णन महाभारत में किया गया है।

महाभारत दो परिवार कौरवों तथा पांडवों के मध्य हुए युद्ध का वृतांत है। महाभारत के युद्ध में लगभग 3940000 योद्धा मारे गए थे माना जाता है। महाभारत में कुल 18 पर्व तथा 100 उपपर्व हैं, यहां पर्व का मूल अर्थ "गांठ" अथवा "जोड़" से है।

महाभारत में 18 संख्या का विशेष महत्व है। कौरव और पांडवों का युद्ध 18 दिन तक चला, युद्ध के प्रमुख सूत्रधार 18 थे, महाभारत के पर्व की संख्या भी 18 थी, दोनों पक्षों की सेनाओं के सम्मिलित संख्याबल 18 अक्षौहिणी तथा महाभारत के श्रीमद्भगवद्गीता में भी 18 ही अध्यायों की संख्या है।

गीता के 18 अध्यायों के नाम :-
    1.अध्याय – ‘अर्जुन का विषाद योग’
    2.अध्याय – ‘सांख्य योग’ (ज्ञानयोग)
    3.अध्याय – ‘कर्मयोग’
    4.अध्याय – ‘ज्ञानकर्मसंन्यासयोग’
    5.अध्याय – ‘कर्मसंन्यासयोग’
    6.अध्याय – ‘आत्मसंयम योग’
    7.अध्याय – ‘ज्ञान विज्ञान योग’
    ८.अध्याय – ‘अक्षरब्रह्म योग’
    9.अध्याय – ‘राजविद्याराजगुह्ययोग’
    10.अध्याय – ‘विभूतियोग’
    11.अध्याय – ‘विश्वरूपदर्शन’
    12.अध्याय – ‘भक्तियोग’
    13.अध्याय – ‘क्षेत्रक्षत्रविभागयोग’
    14.अध्याय – ‘गुणत्रयविभागयोग’
    15.अध्याय – ‘पुरूषोत्तमयोग’
    16.अध्याय – ‘दैवासुरसंपद्विभागयोग’
    17.अध्याय – ‘श्रद्धात्रयविभागयोग’
    18.अध्याय – ‘मोक्षसंन्यासयोग’

महाभारत के मुख्य 18 पात्र श्रीकृष्ण, भीष्म, अर्जुन, द्रोण, कर्ण, दुर्योधन,

दुःशासन, अश्वत्थामा, कृपाचार्य,कृतवर्मा, अभिमन्यु, धृतराष्ट्र, युधिष्ठिर, द्रौपदी, शकुनि, कुंती, गांधारी तथा विदुर|

आगे महाभारत के हर एक अध्याय का संक्षिप्त परिचय देने की कोशिश किया हुआ है|

60

आदिपर्व

इस पर्व के प्रारम्भ में महाभारत के पर्वों, उपपर्वों व उनके विषयों के बारे में संक्षेप रूप में संग्रह है। सबसे पहले महर्षि उत्तंग का महात्म्य, भृगुवंश का विस्तार, नागों का वंश, कद्रू और विनता की कथा, देवों-दानवों द्वारा समुद्र मंथन, जनमेजय के सर्पसत्र की सूचना, व्यास आदि की उत्पत्ति, देवताओं के अंशावतरण, दुष्यन्त-शकुन्तला की कथा, भरत का चरित्र, ययाति के चरित्र का वर्णन, शान्तनु और गंगा की कथा, महर्षि वसिष्ठ से शापित वसुओं का भीष्म के रूप में जन्म, भीष्म प्रतिज्ञा, कौरवों तथा पाण्डवों की उत्पत्ति, लाक्षागृह का वृत्तान्त, हिडिम्ब का वध और हिडिम्बा का विवाह, बकासुर का वध, धृष्टद्युम्न और द्रौपदी की उत्पत्ति, द्रौपदी-स्वयंवर और विवाह, पाण्डव का हस्तिनापुर में आगमन, सुन्द-उपसुन्द की कथा, नियम भंग के कारण अर्जुन का वनवास, सुभद्राहरण और विवाह, खाण्डव वन का दहन और इन्द्रप्रस्थ को स्थापित करने का वर्णन किया गया है।

61

सभा पर्व

सभा पर्व, जिसे "सभा हॉल की पुस्तक" के नाम से भी जाना जाता है, प्राचीन भारतीय महाकाव्य महाभारत के अठारह पर्वों में से एक है। यह महाकाव्य का महत्वपूर्ण अंग है जो पांडवों द्वारा सभा के महान भव्य हॉल के निर्माण के चारों ओर घटित घटनाओं की कथा करता है। सभा पर्व दो उप-पुस्तकों, सभा और लोकपाल सभा में विभाजित है, जिसमें हॉल की विस्तृत विवरण और उसके अंदर घटित हुए कार्यक्रमों का वर्णन है।

इस पर्व में मय असुर द्वारा युधिष्ठिर हेतु सभाभवन का निर्माण, लोकपालों की भिन्न-भिन्न सभाओं का वर्णन, युधिष्ठिर द्वारा राजसूय यज्ञ करने का संकल्प, जरासन्ध का वृतान्त व उसका वध, राजसूय यज्ञ हेतु अर्जुन आदि चार पाण्डवों की दिग्विजय यात्रा, राजसूय यज्ञ, शिशुपालवध, द्युतक्रीडा, युधिष्ठिर की द्यूत में हार और पाण्डवों के वन जाने का वर्णन किया गया है।

सभा पर्व में, यह राजनीतिक चर्चाओं, वाद-विवादों और महत्वपूर्ण निर्णय लेने की प्रक्रियाओं के लिए मुख्य मंच बन जाता है। युधिष्ठिर द्वारा नेतृत्व किए जाने पर पांडव आस्था और सलाह के लिए विभिन्न राजा, ऋषि और महान व्यक्ति इस हॉल में सभा आयोजित करते हैं।

सभा पर्व में सबसे महत्वपूर्ण घटनाओं में युधिष्ठिर और शकुनि के बीच जुए का खेल है, जिससे पांडव अपने राज्य को खो देते हैं और तेरह साल के लिए निर्वासित हो जाते हैं। पर्व दुर्योधन, दुशासन और द्रौपदी जैसे प्रमुख पात्रों को पेश करता है,

जिनका भाग्य महाकाव्य की विकसित होती हुई घटनाओं से जुड़ जाता है।

सभा पर्व शक्ति, राजनीति, धर्मविद्या और कर्मों के परिणामों के विषयों पर विचार करता है। इसमें मानवीय संबंधों की जटिलताओं का अन्वेषण किया जाता है और यह पांडवों के यात्रा में आने वाले संघर्ष और चुनौतियों का वर्णन करता है।

विस्तृत कथा और पेचीदार कहानी के माध्यम से सभा पर्व महाभारत में पात्रों के द्वारा उठाए जाने वाले सामाजिक-राजनीतिक गतिशीलता और नैतिक द्वंद्वों के बीच उभरते चिन्तन-विचार की मूल्यवान जानकारी प्रदान करता है। यह महाभारत के आगामी घटनाओं के आकारणीय घटनाओं के लिए महत्वपूर्ण एक अभिन्न हिस्सा रहता है और महाभारत की पथ प्रदर्शनी में साधकों के आत्मसाक्षात्कार की ओर आगे बढ़ने में महत्वपूर्ण भूमिका निभाता है।

62

वन पर्व

इस पर्व को वन पर्व भी कहते हैं, इसमें पाण्डवों का वनवास, युधिष्ठिर द्वारा भगवान सूर्य से अक्षय पात्र की प्राप्ति, भीम द्वारा किर्मीर का वध, सौभविमान के स्वामी शाल्व का कृष्ण द्वारा वध, पाण्डवों की ऐसी दशा ज्ञात होने पर श्रीकृष्ण का पाण्डवों से मिलना, पाण्डवों का द्वैतवन में जाना, द्रौपदी और भीम द्वारा युधिष्ठिर को उत्साहित करना, इन्द्रकीलपर्वत पर अर्जुन की तपस्या, अर्जुन का किरातवेशधारी शंकर से युद्ध, पाशुपतास्त्र की प्राप्ति, अर्जुन का इन्द्रलोक में जाना, नल-दमयन्ती-आख्यान, नाना तीर्थों की महिमा और युधिष्ठिर की तीर्थयात्रा, सौगन्धिक कमल-आहरण, जटासुर-वध, यक्षों से युद्ध, पाण्डवों की अर्जुन विषयक चिन्ता, निवातकवचों के साथ अर्जुन का युद्ध और निवातकवचसंहार, अजगररूपधारी नहुष द्वारा भीम को पकड़ना, युधिष्ठिर से वार्तालाप के कारण नहुष की सर्पयोनि से मुक्ति, पाण्डवों का काम्यकवन में निवास और मार्कण्डेय ऋषि से संवाद, द्रौपदी का सत्यभामा से संवाद, घोषयात्रा के बहाने दुर्योधन आदि का द्वैतवन में जाना, गन्धर्वों द्वारा कौरवों से युद्ध करके उन्हें पराजित कर बन्दी बनाना, पाण्डवों द्वारा गन्धर्वों को हटाकर दुर्योधनादि को छुड़ाना, दुर्योधन की ग्लानी, जयद्रथ द्वारा द्रौपदी का हरण, भीम द्वारा जयद्रथ को बन्दी बनाना तथा युधिष्ठिर द्वारा छुड़ा देना, राम उपाख्यान, पतिव्रता की महिमा, सावित्री सत्यवान की कथा, दुर्वासा की कुन्ती द्वारा सेवा और उनसे वर प्राप्ति, इन्द्र द्वारा कर्ण से कवच-कुण्डल लेना, यक्ष-युधिष्ठिर-संवाद और अन्त में अज्ञातवास हेतु सुझाव के बारे में बताया गया है।

63

वीरता पर्व

इस वीरता या विराट पर्व में अज्ञातवास की अवधि में विराट नगर में रहने हेतु गुप्तमन्त्रणा, धौम्य द्वारा उचित आचरण का निर्देश, युधिष्ठिर द्वारा भावी कार्यक्रम का निर्देश, अनेकों नाम और अनेकों रूप से विराट के यहाँ निवास, भीमसेन द्वारा जीमूत नामक मल्ल तथा कीचक व उपकीचकों का वध, दुर्योधन के गुप्तचरों द्वारा पाण्डवों की खोज तथा लौटकर कीचकवध की जानकारी देना, त्रिगर्तों एवं कौरवों द्वारा मत्स्य देश पर आक्रमण, कौरवों द्वारा विराट की गायों का हरण, पाण्डवों का कौरव-सेना से युद्ध, अर्जुन द्वारा विशेष रूप से युद्ध और उस युद्ध में कौरवों की पराजय, अर्जुन और कुमार उत्तर का लौटकर विराट की सभा में आना, विराट का युधिष्ठिरादि पाण्डवों से परिचय तथा अर्जुन द्वारा उत्तरा को पुत्रवधू के रूप में स्वीकारने का वर्णन मिलता है।

यह पर्व महाकाव्य का महत्वपूर्ण हिस्सा है जो पांडवों के एक वर्ष तक गुप्त वनवास के दौरान राजा विराट के राज्य में घटित घटनाओं की कथा सुनाता है। वीरता पर्व में पांडवों और उनके साथियों के वीरगाथाएं और साहसिक यात्राएं दर्शाई जाती हैं। इसमें उनकी वीरता, साहस और युद्धविज्ञान का प्रदर्शन होता है जब वे विभिन्न चुनौतियों और युद्धों का सामना करते हैं। इस पर्व में छल-बल, निष्ठा और धर्म की विजय जैसे विषयों पर बल दिया जाता है। यह बहादुरी और सहजता की प्रेरणादायक कथा है और महाभारत की कथा में महत्वपूर्ण योगदान करती है।

64

उद्योग पर्व

इस पर्व में विराट की सभा में पाण्डव पक्ष से श्रीकृष्ण, बलराम, सात्यकि का एकत्र होना और युद्ध के लिए द्रुपद की सहायता से पाण्डवों का युद्धसज्जित होना, कौरवों की युद्ध की तैयारी, द्रुपद के पुरोहित ला कौरवों की सभा जाना और सन्देश-कथन, धृतराष्ट्र का पाण्डवों के यहाँ संजय को संदेश देकर भेजना, संजय का युधिष्ठिर से वार्तालाप, धृतराष्ट्र का विदुर से वार्तालाप, सनत्सुजात द्वारा धृतराष्ट्र को उपदेश, धृतराष्ट्र की सभा में लौटे हुए संजय तथा पाण्डवों का सन्देश-कथन, युधिष्ठिर के सेनाबल का वर्णन, संजय द्वारा धृतराष्ट्र को और धृतराष्ट्र द्वारा दुर्योधन को समझाना, पाण्डवों से परामर्श कर कृष्ण द्वारा शान्ति प्रस्ताव लेकर कौरवों के पास जाना, दुर्योधन द्वारा श्रीकृष्ण को बन्दी बनाने का षडयन्त्र करना, गरुड़गालव संवाद, विदुलोपाख्यान, लौटे हुए श्रीकृष्ण द्वारा कौरवों को दण्ड देने का परामर्श, पाण्डवों और कौरवों द्वारा सैन्यशिविर की स्थापना और सेनापतियों का चयन, दुर्योधन के दूत उलूक द्वारा सन्देश लेकर पाण्डव-सभा में जाना, दोनों पक्षों की सेनाओं का वर्णन, अम्बोपाख्यान, भीष्म-परशुराम का युद्ध आदि कई विषयों के बारे में वर्णित है।

65

भीष्म पर्व

इस पर्व में कुरुक्षेत्र में युद्ध के लिए सन्नद्ध दोनों पक्षों की सेनाओं में युद्धसम्बन्धी नियमों का निर्णय, संजय द्वारा धृतराष्ट्र को भूमि का महत्व बतलाते हुए जम्बूखण्ड के द्वीपों का वर्णन, शाकद्वीप तथा राहु, सूर्य और चन्द्रमा का प्रमाण, दोनों पक्षों की सेनाओं का आमने-सामने होना, अर्जुन के युद्ध-विषयक विषाद तथा व्याहमोह को दूर करने के लिए उन्हें उपदेश (श्रीमद्भगवद्गीता), उभय पक्ष के योद्धाओं में भीषण युद्ध तथा भीष्म के वध और शरशय्या पर लेटकर प्राणत्याग के लिए उत्तरायण की प्रतीक्षा करने आदि का वर्णन किया गया है।

यह पर्व जो महाभारत युद्ध की युद्धरण को समाप्त करता है। इस पर्व में महाभारत युद्ध की आखिरी चरणों की कथा वर्णित होती है। भीष्म पितामह के वीरगत्या, उनके द्वारा दिए गए महत्वपूर्ण उपदेश, और उनकी वीरता का वर्णन इस पर्व में मिलता है। इसमें भीष्म पर्व के चरित्रों की चर्चा, रणनीति और धर्म के विषयों पर विचारों का विस्तार होता है। भीष्म पर्व महाभारत के एक महत्वपूर्ण अंग है जो महाकाव्य की प्रमुख कथाओं को पूरा करता है और अन्तिम युद्ध की घटनाओं को वर्णित करता है।

66

द्रोण पर्व

इस पर्व में भीष्म के धराशायी होने पर कर्ण का आगमन और युद्ध करना, सेनापति पद पर द्रोणाचार्य का अभिषेक, द्रोणाचार्य द्वारा भयंकर युद्ध, अर्जुन का संशप्तकों से युद्ध, द्रोणाचार्य द्वारा चक्रव्यूह का निर्माण, अभिमन्यु द्वारा पराक्रम और व्यूह में फँसे हुए अकेले निःशस्त्र अभिमन्यु का कौरव महारथियों द्वारा वध, षोडश राजकीय उपाख्यान, अभिमन्यु के वध से पाण्डव-पक्ष में शोक, संशप्तकों के साथ युद्ध करके लौटे हुए अर्जुन द्वारा जयद्रथ वध की प्रतिज्ञा, कृष्ण द्वारा सहयोग का आश्वासन, अर्जुन का द्रोणाचार्य तथा कौरव-सेना से भयानक युद्ध, अर्जुन द्वारा जयद्रथ का वध, दोनों पक्षों के वीर योद्धाओं के बीच भीषण रण, कर्ण द्वारा घटोत्कच का वध, धृष्टद्युम्न द्वारा द्रोणाचार्य का वध आदि का वर्णन देखने को मिलता है।

67

कर्ण पर्व

इस पर्व में द्रोणाचार्य की मृत्यु के बाद कौरव सेनापति के पद पर कर्ण का अभिषेक, कर्ण के सेनापतित्व में कौरव सेना द्वारा भीषण युद्ध, पाण्डवों के पराक्रम, शल्य द्वारा कर्ण का सारथि बनना, अर्जुन द्वारा कौरव सेना का भीषण संहार, कर्ण और अर्जुन का युद्ध, कर्ण के रथ के पहिये का पृथ्वी में धँसना, अर्जुन द्वारा कर्णवध, कौरवों का शोक, शल्य द्वारा दुर्योधन को सान्त्वना देने आदि का वर्णन है।

68

शल्य पर्व

इस पर्व में कर्ण की मृत्यु के बाद कृपाचार्य द्वारा सन्धि के लिए दुर्योधन को समझाना, सेनापति पद पर शल्य का अभिषेक, मद्रराज शल्य का अद्भुत पराक्रम, युधिष्ठिर द्वारा शल्य और उनके भाई का वध, सहदेव द्वारा शकुनि का वध, बची हुई सेना के साथ दुर्योधन का पलायन, दुर्योधन का हृद में प्रवेश, व्याधों द्वारा गुप्तसूचना पाकर युधिष्ठिर का हृद पर जाना, युधिष्ठिर का दुर्योधन से संवाद, श्रीकृष्ण और बलराम का भी वहाँ पहुँचना, दुर्योधन के साथ भीम का वाग्युद्ध एवं गदायुद्ध होना जिसमें दुर्योधन का धराशायी होना, क्रुद्ध बलराम को श्री कृष्ण द्वारा समझाया जाना, दुर्योधन का विलाप और सेनापति पद पर अश्वत्थामा का अभिषेक आदि वर्णित है।

69

सौप्तिका पर्व

इस पर्व में अश्वत्थामा, कृतवर्मा और कृपाचार्य-कौरव पक्ष के शेष इन तीन महारथियों का वन में विश्राम, तीनों द्वारा भावी कार्य की मन्त्रणा, अश्वत्थामा द्वारा अपने क्रूर निश्चय से कृपाचार्य और कृतवर्मा को अवगत कराना, तीनों का पाण्डवों के शिविर की ओर प्रस्थान, अश्वत्थामा द्वारा रात्रि में पाण्डवों के शिविर में घुसकर समस्त सोये हुए पांचाल वीरों का संहार, द्रौपदी के पुत्रों का वध, द्रौपदी का विलाप तथा द्रोणपुत्र के वध का आग्रह, भीम द्वारा अश्वत्थामा को मारने के लिए प्रस्थान, श्रीकृष्ण अर्जुन तथा युधिष्ठिर का भीम के पीछे जाना, गंगातट पर बैठे अश्वत्थामा को भीम द्वारा ललकारना, अश्वत्थामा द्वारा ब्रह्मास्त्र का प्रयोग, अर्जुन द्वारा भी उस ब्रह्मास्त्र के निवारण के लिए ब्रह्मास्त्र का प्रयोग, व्यास की आज्ञा से अर्जुन द्वारा ब्रह्मास्त्र का उपशमन, अश्वत्थामा की मणि लेना और अश्वत्थामा का मानमर्दित होकर वन में प्रस्थान आदि वर्णन है।

70

स्त्री पर्व

इस में दुर्योधन की मृत्यु पर धृतराष्ट्र का विलाप, संजय और विदुर द्वारा उन्हें समझाना-बुझाना, पुन: महर्षि व्यास द्वारा उनको समझाना, स्त्रियों और प्रजा के साथ धृतराष्ट्र का युद्ध भूमि में जाना, श्री कृष्ण, पाण्डवों और अश्वत्थामा से उनकी भेंट, शाप देने के लिए उद्यत गान्धारी को व्यास द्वारा समझाना, पाण्डवों का कुन्ती से मिलना, द्रौपदी, गान्धारी आदि स्त्रियों का विलाप, व्यास के वरदान से गान्धारी द्वारा दिव्यदृष्टि से युद्ध में निहत अपने पुत्रों और अन्य योद्धाओं को देखना तथा शोकातुर हो क्रोधवश शाप देना, युधिष्ठिर द्वारा मृत योद्धाओं का दाहसंस्कार और जलांजलिदान, कुन्ती द्वारा अपने गर्भ से कर्ण की उत्पत्ति का रहस्य बताना, युधिष्ठिर द्वारा कर्ण के लिए शोक प्रकट करते हुए उसका श्राद्ध कर्म करना और स्त्रियों के मन में रहस्य न छिपने का शाप देना आदि वर्णित है।

71

शांति पर्व

इस पर्व में धर्म, दर्शन, राजानीति व अध्यात्म ज्ञान का विशद निरूपण किया गया है, इसके अन्तर्गत 3 उपपर्व हैं-

राजधर्मानुशासन पर्व, आपद्धर्म पर्व, मोक्षधर्म पर्व।

शान्ति पर्व में युद्ध की समाप्ति पर युधिष्ठिर का शोकाकुल होकर पश्चाताप करना, श्रीकृष्ण सहित सभी लोगों द्वारा उन्हें समझाना, युधिष्ठिर का नगर प्रवेश और राज्याभिषेक, सबके साथ पितामह भीष्म के पास जाना, भीष्म के द्वारा श्रीकृष्ण की स्तुति, भीष्म द्वारा युधिष्ठिर के प्रश्नों का उत्तर तथा उन्हें राजधर्म, आपद्धर्म और मोक्षधर्म का उपदेश करना आदि के साथ मोक्षपर्व में सृष्टि का रहस्य तथा अध्यात्म ज्ञान का विशेष निरूपण किया है।

72

अनुशासन पर्व

इस पर्व में भी भीष्म के साथ युधिष्ठिर का धर्म-कर्म के विषय में संवाद है, भीष्म युधिष्ठिर को नाना प्रकार से तप, धर्म और दान की महिमा बतलाते हैं और अन्त में युधिष्ठिर पितामह की अनुमति पाकर हस्तिनापुर चले जाते हैं। भीष्मस्वर्गारोहण में भीष्म के पास युधिष्ठिर का जाना, युधिष्ठिर की भीष्म से बात, भीष्म का प्राणत्याग, युधिष्ठिर द्वारा उनका अन्तिम संस्कार किए जाने का वर्णन है। इस अवसर पर वहाँ उपस्थित लोगों के सामने गंगा जी का प्रकट होना और पुत्र के लिए शोक करने पर श्री कृष्ण द्वारा उन्हें समझाना आदि वर्णित है।

73

अश्वमेध पर्व

अश्वमेध पर्व में 103 अध्याय होते हैं। इस पर्व में महर्षि व्यास द्वारा अश्वमेध यज्ञ करने हेतु आवश्यक धन प्राप्त करने का उपाय युधिष्ठिर से बताना और यज्ञ की तैयारी, अर्जुन द्वारा कृष्ण से गीता का विषय पूछना, श्री कृष्ण द्वारा अनेक आख्यानों द्वारा अर्जुन का समाधान करना, ब्राह्मणगीता का उपदेश, अन्य आध्यात्मिक बातें, पाण्डवों द्वारा दिग्विजय करके धन का आहरण, अश्वमेध यज्ञ की सम्पन्नता, युधिष्ठिर द्वारा वैष्णवधर्मविषयक प्रश्न और श्रीकृष्ण द्वारा उसका समाधान आदि विषय वर्णित हैं। इस पर्व में महर्षि व्यास द्वारा अश्वमेध यज्ञ करने हेतु आवश्यक धन प्राप्त करने का उपाय युधिष्ठिर से बताना और यज्ञ की तैयारी, अर्जुन द्वारा कृष्ण से गीता का विषय पूछना, श्री कृष्ण द्वारा अनेक आख्यानों द्वारा अर्जुन का समाधान करना, ब्राह्मणगीता का उपदेश, अन्य आध्यात्मिक बातें, पाण्डवों द्वारा दिग्विजय करके धन का आहरण, अश्वमेध यज्ञ की सम्पन्नता, युधिष्ठिर द्वारा वैष्णवधर्मविषयक प्रश्न और श्रीकृष्ण द्वारा उसका समाधान आदि के बारे में लिखा गया है। भीष्म पर्व महाभारत की कथा में एक महत्वपूर्ण भाग है जो महाराज भीष्म के अन्तिम वक्त की घटनाओं को संकलित करता है और महाभारत की इस महाकाव्यिका की प्रवाह को आगे बढ़ाता है। यज्ञ की सम्पन्नता, युधिष्ठिर द्वारा वैष्णवधर्मविषयक प्रश्न और श्रीकृष्ण द्वारा उसका समाधान आदि के बारे में लिखा गया है।

74

आश्रम्वासिका पर्व

इस पर्व में चारों भाइयों समेत युधिष्ठिर और कुन्ती द्वारा धृतराष्ट्र तथा गान्धारी की सेवा, व्यास जी के समझाने पर धृतराष्ट्र, गान्धारी और कुन्ती को वन में जाने देना, वहाँ जाकर इन तीनों का ऋषियों के आश्रम में निवास करना, महर्षि व्यास के प्रभाव से युद्ध में मारे गये वीरों का परलोक से आना तथा स्वजनों से मिलने के बाद अदृश्य हो जाना, नारद के मुख से धृतराष्ट्र, गान्धारी और कुन्ती का दावानल में जलकर भस्म हो जाना सुनकर युधिष्ठिर का विलाप और उनकी अस्थियों का गंगा में विसर्जन करके श्राद्धकर्म करना आदि लिखा गया है।

75

मौसला पर्व

इस पर्व में भगवान शिव के अवतार ऋषि दुर्वासा के शाप वश साम्ब के पेट से मुसल की उत्पत्ति तथा समुद्र-तट पर चूर्ण करके फेंके गये मुसलकणों से उगे हुए सरकण्डों से यादवों का आपस में लड़कर विनष्ट हो जाना, बलराम और श्रीकृष्ण का परमधाम-गमन और समुद्र द्वारा द्वारकापुरी को डुबो देने के बारे में लिखा गया है।

मौसल पर्व महाभारत का एक महत्वपूर्ण भाग है। इसमें कुरुक्षेत्र युद्ध के बाद होने वाले दुखद घटनाओं का वर्णन होता है। इस पर्व में गांधारी, कौरवों की माता, का शाप वर्णित होता है, जो अंततः यदु वंश की विनाश की ओर ले जाता है। यह पर्व भगवान कृष्ण के पृथ्वीवास के अंत और उसके बाद आने वाले अराजकता और आपदाओं का वर्णन करता है, जो यदु वंश को प्रभावित करती है। मौसल पर्व में यदु वंश के अंत का वर्णन होता है, जो विवादों और शाप के कारण होता है। यह युद्ध और शक्ति के नैतिक और आध्यात्मिक परिणामों को उजागर करता है, जो दुनियावी उपलब्धियों की अस्थायी प्रकृति को समझाता है। इस पर्व में हिंसा के परिणामों और धर्म और न्याय के महत्व पर विचार किया जाता है।

76

महाप्रस्थानिका पर्व

इस पर्व में वृष्णिवंशियों का श्राद्ध करके, प्रजाजनों की अनुमति लेकर द्रौपदी के साथ युधिष्ठिर आदि पाण्डव का महाप्रस्थान, किन्तु युधिष्ठिर के अतिरिक्त सबका देहपात मार्ग में ही हो जाना, इन्द्र और धर्म से युधिष्ठिर की बातचीत होती है और युधिष्ठिर को सशरीर स्वर्ग की प्राप्ति होने का वर्णन है।

महाप्रस्थानिका पर्व में कुरुक्षेत्र युद्ध के बाद पांडवों और उनके साथियों की अंतिम यात्रा का वर्णन करता है। पर्व युद्ध के उपशांति के बाद और युधिष्ठिर की राज्याभिषेक के साथ शुरू होता है। इसमें पांडवों, द्रौपदी और धर्मराज के प्रतीक रूप में एक कुते के साथ धीरे-धीरे विदाई का वर्णन होता है। उनकी यात्रा के दौरान, एक-एक करके पांडवों और द्रौपदी की मृत्यु होती है, जो जीवन की अविच्छिन्नता को प्रतिष्ठित करती है। युधिष्ठिर, धर्मराज के रूप में उजागर होने वाले एक कुते के साथ स्वर्ग के द्वार तक पहुँचता है, लेकिन वह अपने भाईयों और द्रौपदी के बिना अंदर नहीं जाने का इनकार करता है। धर्म के मापदंड के एक परीक्षण में, युधिष्ठिर को स्वर्ग में अपने प्यारे अपनों की दृष्टि मिलती है और उन्हें बोधगम्यता प्राप्त होती है। महाप्रस्थानिका पर्व मृत्यु, अवसाद और आध्यात्मिक मुक्ति की अंतिम प्रार्थना के विषयों को प्रमुखता से प्रकट करता है। यह विश्वव्यापी जीवन की अस्थायी प्रकृति और आत्मा की अनन्त प्रकृति पर एक प्रतिबिंब है। पर्व धर्मयुद्ध और सत्य के मार्ग पर सत्यापन की महत्वता को बल देता है।

77
स्वर्ग आरोहन पर्व

इस पर्व के अन्त में महाभारत की श्रवणविधि तथा महाभारत का माहात्म्य लिखा है,। इसके प्रथम अध्याय में स्वर्ग में नारद के साथ युधिष्ठिर का संवाद और द्विवतीय अध्याय में देवदूत द्वारा युधिष्ठिर को नरकदर्शन तथा वहां पर भाइयों की चीख-पुकार सुनकर युधिष्ठिर का वहीं रहने के निश्चय का वर्णन है। तृतीय अध्याय में इन्द्र और धर्म द्वारा युधिष्ठिर को सांत्वना प्रदान करना तथा युधिष्ठिर का शरीर त्यागकर स्वर्गलोक चले जाना। चतुर्थ अध्याय में युधिष्ठिर दिव्य लोक में श्रीकृष्ण और अर्जुन से मिलते हैं। पंचम अध्याय में भीष्म आदि स्वजन अपने पूर्व स्वरूप में मिलते है। तत्पश्चात महाभारत का उपसंहार वर्णित है।

इस पर्व में कुरुक्षेत्र के युद्ध के बाद होने वाले घटनाओं का वर्णन है और पांडवों और अन्य पात्रों के स्वर्ग की ओर जाने के बाद के व्याप्त होने वाले कार्यक्रमों का वर्णन है। यह युधिष्ठिर के राज्याभिषेक से शुरू होता है और युधिष्ठिर की इस युद्ध की दोष और दुःख से निपटने की समस्या का वर्णन करता है। आध्यात्मिक मुक्ति की खोज में, युधिष्ठिर अपने भाइयों, द्रौपदी और एक कुत्ते के साथ स्वर्ग को पहुंचने का एक यात्रा पर निकलता है जो ईश्वर धर्म की प्रतीक है।

उनकी यात्रा के दौरान, एक-एक करके, युधिष्ठिर के साथी मृत्यु की ओर मुड़ते हैं, जो उनकी मानवीय आसक्तियों और सांसारिक इच्छाओं की प्रतीक होती हैं। युधिष्ठिर के सत्यनिष्ठ संकल्प और चुनौतियों के सामने सहनशीलता देवताओं को प्रभावित करती हैं। जब केवल युधिष्ठिर और कुत्ता शेष रह जाते हैं, तो यह पता

चलता है कि यह कुत्ता भगवान धर्म का मुखौटा है, जो युधिष्ठिर की निष्ठा और भक्ति का परीक्षण कर रहा है।

स्वर्ग के द्वार पर पहुंचने पर, युधिष्ठिर को सूचित किया जाता है कि उनके भाइयों और द्रौपदी पहले से ही स्वर्ग में हैं, जो उनकी प्रतीक्षा में हैं। हालांकि, युधिष्ठिर को कुत्ते के बिना द्वार पर प्रवेश करने में हिचकिचाहट होती है, क्योंकि उन्हें यह उनका साथी मानते हैं। यह करुणा और निष्ठा का कार्य देवताओं को प्रभावित करता है, और युधिष्ठिर को स्वर्ग में अपने प्रियजनों का दर्शन प्राप्त होता है।

स्वर्गारोहण पर्व धर्म, न्याय और परम मोक्ष की अवधारणा पर जोर देता है। यह युधिष्ठिर की नैतिक और आध्यात्मिक यात्रा का पता लगाता है और मुक्ति की तलाश में अपने सिद्धांतों पर सच्चे रहने और अपने कर्तव्यों को पूरा करने के महत्व को प्रदर्शित करता है। यह पर्व जीवन की अस्थायी प्रकृति और आत्मा की अनन्त प्रकृति पर एक प्रतिबिंब के रूप में सेवा करता है।

भगवद्गीता

भगवद्गीता में व्यक्त हैं मार्गदर्शन के आदर्श, जो व्यक्ति को धर्म की ओर प्रवृत्त करते हैं।

78

अर्जुन विषाद योग

यदि हम गीता के प्रथम अध्याय को पढ़ते हैं तो उसमें सबसे पहले यही ज़िक्र होता है की धर्मक्षेत्र-कुरुक्षेत्र में कौरवों एवं पांडवों के बीच क्या हो रहा है? अर्जुन अपने ही भाई, चाचा, गुरु, और मित्रों को देखकर युद्ध करना नहीं चाहता| अपनों से कैसे युद्ध कर सकता है आदि बातों को सोचकर रोता हुआ थक हारकर बैठ जाता है|

अपने जीवन से जोड़कर यदि हम इस अध्याय को समझे तो हमारे शरीर को क्षेत्र, धर्म को कर्तव्य तथा कुरु को बुरे विचार से जोड़ा गया है| उदाहरण के लिए जैसे कोई बच्चा जन्म लेता है यानि एक क्षेत्र का निर्माण हुआ| वो बच्चा पैदा होते ही मोह माया में नहीं पड़ता| वो सिर्फ अपने कर्तव्य करता है जैसे भूख लगने से रोना, हाथ-पैर हिलाना, खाना, पीना आदि, यानि वह शरीर (धर्मक्षेत्र) केवल कर्तव्य कर रहा है| लेकिन जैसे ही वह शरीर बड़ा होता है उसे मोह-माया, इष्र्या-द्वेष जैसे अनेकों "भाव" घेर लेते हैं अर्थात् वह शरीर कुरु रुपी शरीर यानि कुरुक्षेत्र बन जाता है|

अब इस धर्म (पांडव) एवं कुरु (अधर्म/कौरव) के बीच युद्ध होता है| आखिर विजय हमेशा धर्म की यानि सत्य की होती है, परन्तु फिर भी धर्म एवं अधर्म, सत्य एवं असत्य की बीच युद्ध होता ही रहता है|

अगर इसी बात को अपने जीवन से जोड़े तो यह समझ आता है की हमारा मन कभी कभी सही एवं गलत के बीच में लड़ता रहता है| क्या सही है, क्या गलत, क्या करना चाहिए और क्या नहीं करना चाहिए आदि बातों में हम फंस जाते हैं| हम कई समस्याओं से इतने घिरे रहते हैं कि सही फैसला नहीं ले पाते और परेशान हो जाते

हैं| कभी कभी समस्या इतनी बढ़ जाती है की कुछ लोग आत्महत्या तक करने को मजबूर हो जाते हैं मगर समस्याओं से निपटने की कोशिश नहीं करते|

अर्जुन विषाद योग का अर्थ भी वही है| कई समस्याओं से घिरे अर्जुन| हम सबकी भी यही अवस्था है, कई समस्याओं से परेशान ज़िन्दगी, चारों तरफ समस्या ही समस्या| मोह-माया का प्रभाव इतना की अपने खून के रिश्ते होने के बावजूद कभी कभी अपनों से ही लड़ना पड़ता है| कहीं कहीं हम गलत न होने पर भी अपनों से डाट खाकर सहते हैं, क्यों? सिर्फ और सिर्फ एक लगाव के कारण| अर्जुन अपनों से लड़ नहीं पाता है जबकि वो जानता है कि वे सभी अधर्मी हैं, गलत हैं फिर भी| अर्जुन अपने उस समस्या से निपट नहीं पाता और सब छोड़कर थक-हारकर बैठ जाता है|

चाहे अर्जुन हो या हम, जिंदगी में किसी भी तरह की विषम परिस्थिति आये यानी विषाद अवस्था आये उस परिस्थिति से डरकर रोना या भागना नहीं चाहिए या सबकुछ छोड़कर हारकर बैठना भी नहीं चाहिए| उससे लड़ना चाहिए, हर एक समस्या से निपटना और उत्तरोतर जीत हासिल कर अपने लक्ष्य तक पहुंचना चाहिए|

मगर कैसे ?

यही आगे के अध्याय में कृष्ण (प्रकृति) हमें सिखाते हैं एवं समझाते हैं|

79

सांख्ययोग

पहले अध्याय में हमने थके हारे अर्जुन की स्थिति जानी जैसे हम लोग अपने जीवन के समस्याओं से थक हार के बैठ जाते हैं, सब छोड़ देते हैं और लड़ने के बजाय हार मान लेते हैं| गीता के दूसरे अध्याय में हारे हुए अर्जुन को सही और धर्म के विषय में उनको समझाते हुए उनको खड़ा करने के लिए श्री कृष्ण आते हैं| मेरी नज़र में यदि श्रीकृष्ण को सखा कहें तो समझना ज्यादा सरल हो जायगा| जैसे हम जब जीवन में हार के बैठ जाते हैं तब हमें हौसला, हिम्मत और सही रास्ता दिखाने के लिए कोई हाथ पकड़कर उठाता है| हमें ऊर्जावान बनाते हैं, लड़ने की शक्ति एवं मार्गदर्शन देते हैं| भगवद्गीता में यही कार्य श्री कृष्ण करते हैं |

अब श्री कृष्ण को हम कौन और क्या समझे? श्रीकृष्ण का मतलब यहाँ प्रकृति से है, तथा हम सभी जीव-जंतु, पशु, पक्षी, मृग आदि प्रकृति के ही अंश हैं, भिन्न नहीं हैं| इसलिए हम सब प्रकृति के अपने नियम से बांधे रहते हैं और प्रत्येक जीव जंतु को प्रकृति के नियमानुसार ही कर्तव्य का पालन करना होता है| मनुष्य को छोड़कर हर जीव जंतु प्रकृति नियम के अनुसार ही अपना कर्तव्य पालन करता है| परन्तु मनुष्य अपने स्वार्थ लाभ के लिए प्रकृति नियम के विरुद्ध चलने लगते हैं| जहाँ मानव के हर एक इच्छा की पूर्ति नहीं हो पाती है वहाँ विषाद अवस्था का जन्म होता है| प्रकृति नियम के अज्ञानता से भटके, हम मनुष्यों को यानि अर्जुन को अपने कर्तव्य पालन करते हुए जीवन में आने वाली समस्याओं से लड़के जीवन को सफल कैसे बनाया जाये, वहीं बातें प्रकृति के प्रतिनिधि के रूप में श्रीकृष्ण समझाते हैं| यह भी कह सकते है की प्रकृति के नियमानुसार हमें जीना समझाते हैं|

श्रीकृष्ण समझाते हैं की हम मनुष्यों को सोचने, समझने एवं परखने योग्य बुद्धिमान बनाया है| मगर अक्सर हम अपने बुद्धि का सही उपयोग नहीं कर पाते हैं तथा बुद्धि शून्य होकर दुःख दर्द को झेलती हैं| हम आत्मा रूप में पहले भी रहे हैं, आगे भी रहेंगे| नष्ट होता है तो केवल हमारा शरीर| जीवन में सुख एवं दुःख दोनों ही आते जाते रहते हैं| न सुख में ज्यादा खुशी मनाना है न दुःख में ज्यादा दुखी होना है| इन बातों को समझ कर जो जीएगा वो लोग सुख दुःख के कारण परेशान नहीं होंगे| आत्मा को कभी मारा नहीं जा सकता, ये हमारी अज्ञानता वाली सोच है कि शरीर के नष्ट होने पर आत्मा भी नष्ट होती है| जैसे हम नये कपड़े पहनकर पुराने बदल देते हैं इसी प्रकार आत्मा भी पुराने शरीर को त्यागकर नये शरीर में प्रवेश करती है| हमें अपने बुद्धि एवं समझ के बल पर हमें हारने तथा गिराने वाले प्रत्येक अराजकता से लड़कर जीत हासिल करना होगा| अन्यथा समाज, जीवन में असफल व्यक्ति का मजाक उड़ाता है, उस अवस्था को झेलना और भी ज्यादा दुःख दायक होगा| हर समस्याओं से लड़कर मिलने वाली जीत सबसे ज्यादा सुखदायक होती है एवं बहुत सीख भी मिलती है| पहले से हार मानकर बैठ जाने की अपेक्षा ज्यादा अच्छा है कि बिना हार जीत के विषय में सोचे, जीवन में सफल होने के लिए लड़ना|

श्रीकृष्ण दूसरे अध्याय के 38वें श्लोक तक अर्जुन यानि हम लोगों को अपनी बुद्धि, शक्ति, क्षमता अपने अन्दर स्थित आत्मा के बारे में समझाकर हमें ऊर्जित करते हैं, क्योंकि हम मनुष्य अपने अन्दर छुपे हुए अनगिनत गुण व समस्याओं से अपरिचित रहते हैं (यहाँ तक जो बातें श्रीकृष्ण ने गीता के दूसरे अध्याय के पहले श्लोक से 38वें श्लोक तक कहा उसको सांख्य योग कहते हैं)|

आगे श्रीकृष्ण हमें कर्म योग के बारे में समझाते हैं| जीवन में जितनी भी कठिनाईयां आये मगर उन सब से लड़ते हुए आगे बढ़ते रहना ही हमारा कर्म एवं कर्तव्य है| यही अनुभव हमारे आगे के जीवन को सफल एवं आनंदमय करती है| दृढ़ निश्चय से एक लक्ष्य प्रप्ति के लिये निरंतर चलते रहना चाहिए| अपने लक्ष्य से भटकने वाले कहीं नहीं पहुँच पाते हैं| अपने आम ज़िन्दगी में हम लोग ये देख सकते हैं कि जब भी हम कुछ अलग करने की कोशिश करते हैं तो सिर्फ खा-पी कर आम ज़िन्दगी जीने वाले लोग किसी न किसी तरह से आपको लक्ष्य से भटकाने की कोशिश करते हैं और ज्यादातर लोग अपने लक्ष्य को छोड़ कर उन लोगों के बातों में आ जाते हैं| जो लोग सिर्फ भोग-विलास को ही परम लक्ष्य समझकर प्रकृति एवं

भगवान् को भूलकर जीते है, वो जीवन के परम आनंद को नहीं प्राप्त कर पाते हैं तथा कहीं न कहीं दुखमय जीवन बिताते हैं|

आसुरी प्रवृत्ति यानि तमस गुण के मनुष्य, मानुषिक प्रवृत्ति यानि रजस गुण के मनुष्य तथा देवीय प्रवृत्ति यानि सात्विक गुण के मनुष्य ऐसे तीन गुणों से युक्त मनुष्य होते हैं| तमस (असुरीय) एवं रजस (मनुष्य) प्रवृत्ति से ऊपर उठकर सात्विक (दैवीय) गुण को प्राप्त करना ही हमारे जीवन का लक्ष्य होता है| जब हम इस लक्ष्य को प्राप्त कर लेते हैं तब भौतिक जीवन के मोह माया से विरक्त हो जाते हैं| इस माया के प्रभाव से मुक्ति मिलने के बाद प्रकृति के नियम अथवा ज्ञान को जानने लगते हैं या कह सकते हैं की जीवन के सही उद्देश्य जानने लगते हैं|

ज्ञान प्राप्ति पाने वाला मनुष्य सम्पूर्ण जल से भरे हुए कुएं की भाँति होता है| परिणाम रहित मन से जीवन में जो भी कर्म करने का अवसर आता है वो निस्वार्थ भाव से करते रहना चाहिए| एक छोटे से उदाहरण द्वारा इस बात को समझ सकते हैं जैसे रात को दो बजे ठण्ड के मौसम में आप अच्छे नींद में सो रहे हैं और आपको जानने वाला या थोड़ा बहुत जानने वाला कोई एक आदमी आपको कॉल करके बोलता है कि एक इमरजेंसी है, आपको हॉस्पिटल तक थोड़ा मदद के लिए पहुंचना है| इस तरह के अवसर पर ज्यादातर लोग बहाना बनाकर टाल देते हैं इनकी मदद मैं क्यों करूं, मुझे क्या मिलेगा? मगर ज्ञानी लोग इस अवसर को भगवान् का वरदान मानते हैं और जितना वो सक्षम होते है उस व्यक्ति की मदद करने पहुँच जाते हैं क्योंकि उस ज्ञानी को यह पता है की कल किसी दिन अपने साथ भी ऐसा इमरजेंसी हो सकता है और उस समय आराम से बिना किसी के मदद से उस कष्टदायक अवस्था से पार करने के लिए यह ईश्वर द्वारा दिया हुआ अवसर है|

इधर उधर की लोगों की बातों से मन को न भटकाकर, प्रकृति या ईश्वर को पूर्ण रूप से समर्पण कर जब अपने कार्य करने लगेंगे तब हर लक्ष्य की प्राप्ति होगी, आत्म-ज्ञान प्राप्त होगा और ऐसे लोगों को "स्थितप्रज्ञ" (self-realized & self-centered) कहते हैं|

इस अध्याय के 55वां श्लोक से अर्जुन को "स्थितप्रज्ञ" आदमी के लक्षण को समझाते हैं|

मन से उठने वाली हर भौतिक वासनाओं को त्यागकर, आत्मा को संतुष्ट करने वाले कर्मों से आत्म संतुष्टि प्राप्त करने वाले लोगों को "स्थितप्रज्ञ" कहते हैं| दुःख में न ज्यादा दुखी होना, सुख में न ज्यादा ख़ुशी मनाना, न भौतिक चीज़ों की वासना, न मृत्यु भय, न क्रोध, न किसी में अनावश्यक आसक्ति, शुभ, अशुभ होने पर शुभ की तारीफ एवं अशुभ की निंदा न करने वाले ऐसे लोगों को "स्थितप्रज्ञ" कहते "स्थितप्रज्ञ"| कछुआ जैसे अपने इन्द्रियों को अपने अन्दर खींच लेता है वैसे ही, "स्थितप्रज्ञ" लोग अपने इन्द्रियों को अपने वश में करके अधार्मिक प्रवृतियों से दूर रहते हैं| नश्वर (भौतिक) चीज़ों में आसक्ति रखने वाले लोगों का इच्छा पूर्ति न होने पर सद्बुद्धि का विनाश होता है और वो गुस्सा एवं विनाशकारी कार्य करने लगते हैं|

अनेकों नदियाँ समुद्र में गिरने के बावजूद, समुद्र अपने में जैसे स्थिर रहता है वैसे ही हमें हर तरह के विपरीत परिस्थिति एवं माहौल को शांतिप्रिय बनाके रखने की कोशिश करनी चाहिए|

इस तरह जीवन में आने वाले हर तरह की विषम एवं प्रतिकूल परिस्थितियों को संयम, शान्ति, एवं बुद्धि से सोच विचार कर, जीवन में अपने कर्तव्य को समझाते हुए दूसरा अध्याय पूर्ण होता है|

80

कर्मयोग

आम बात न होकर, गीता या ज्ञान की बातें करें तो प्रश्न पर प्रश्न उठना सामान्य सी बात है| कृष्ण ने दूसरे अध्याय में जो बातें कहीं वो पूरी तरह अर्जुन के समझ में नहीं आया| क्योंकि जीवन में परमानन्द की प्राप्ति के लिए कृष्ण ने दूसरे अध्याय में कर्म का मार्ग एवं ज्ञान का मार्ग दोनों बताये थे, मगर प्रश्न यह उठता है की दोनों में उत्तम मार्ग क्या है|

कृष्ण समझाते हैं कि कर्म का ही मार्ग उत्तम है|

आजकल की भाषा में अगर कहें तो ये समझ में आएगा कि, किताबी या किसी से सुनी हुई ज्ञान की बातें ज्यादा देर तक नहीं ठिकती, जब तक वो हमारे जीवन में घटित एवं अनुभव न किया हो| जैसे हमलोग किसी न किसी का प्रेरणा दायक भाषण (मोटिवेशनल स्पीच) सुनने के समय अन्दर से बहुत ऊर्जावान बनते हैं मगर वो ऊर्जा बस कुछ ही दिन तक रहती है| क्योंकि वो बस सुनी हुई ज्ञान की बात थी, अपने जीवन में अपने कर्म से कभी अनुभव की हुई बातें न थी| अपने जीवन में कई कर्म करते समय सही एवं गलत होता है और उस सही-गलत से हम जो सीखते हैं या अनुभव करते हैं वो सही एवं सटीक ज्ञान होता है, जो हमेशा हमारे जीवन में साथ देता है, जिसकी वजह से आगे ऐसी गलतियां होने से हम बचते हैं| इसलिए कृष्ण कहते हैं कि अच्छा होगा या बुरा होगा यह सोचकर कोई कर्म करना मत छोड़ो| गलती से ही हम सीखेंगे और वह अनुभव हमें जीवन में आगे बढ़ने की सही सीख देता है| अच्छा होगा या बुरा, ये कर्म (काम) किये बिना कैसे पता चल सकता है ? तालाब में कूदे बिना तैरना तो सीख नहीं सकते न| अच्छी या बुरी, मगर

सीख ज़रूर मिलती है| वही सीख सटीक ज्ञान होता है जो कर्म करने से ही मिलता है |

इस अध्याय में आगे भी कृष्ण बहुत अच्छी बातें कहते हैं जैसे कोई भी कर्म करते समय क्या क्या ध्यान रखना चाहिए|

हर कर्म को निस्वार्थ भाव से करना चाहिए| किसके लिए कर रहे है, इसके बदले में हमें क्या मिलेगा और "मैं" कर रहा हूँ ऐसे भाव से कोई कर्म नहीं करना चाहिए| कर्म भी दो तरह के होते हैं, एक निस्वार्थ कर्म और एक स्वार्थ कर्म| स्वार्थ कर्म का मतलब जैसे हम अपने जीवन में खाने पीने एवं घर परिवार चलाने के लिए कोई नौकरी या व्यापार करते हैं| यह कर्म करने से नौकरी वालों को तनख्वाह एवं व्यापार करने वालों को मुनाफा मिलता है, जिससे उनका खुद का जीवन एवं घर परिवार चलता है| यह सब करते हुए भी अपना कुछ समय एवं धन किसी निस्वार्थ काम या कर्म में भी लगा सकते हैं, मगर जिसके बदले में हमें कुछ भी वापस मिलने की अपेक्षा या लालच नहीं होना चाहिए| बल्कि आपके निस्वार्थ काम से किसी और की ज़िन्दगी में आप के द्वारा बड़ा परिवर्तन आ सकता है, या आप प्रकृति में कुछ अपना योगदान दे सकते हैं| किसी गरीब को पढ़ाना, किसी की ज़िन्दगी को बदलना या कोई पेड़ लगाना एवं उसकी परवरिश करना प्रकृति की सेवा हुई| क्योंकि आपको हर क्षण जिंदा रहने केलिए, वायु की आवश्यकता पड़ती है और वायु आपको पेड़ से ही मिलता है| एक तरफ से आप कई पेड़ों के कर्जदार हुए और पेड़ लगाके उसको चुकाना आपका कर्तव्य वैसे भी बन जाता है ताकि आने वाले पीढ़ी को भी वायु भरपूर मिलता रहे|

कोई भी कर्म करते समय ये भी ध्यान रखना चाहिए की खुद पर गर्व न हो| हम प्रकृति के ही हिस्से हैं और हमारा शरीर एवं प्राण सब प्रकृति की ही देन हैं, बिगड़ने में ज्यादा देर नहीं लगता और बिगड़ते समय अपना अहंकार, धन, गर्व, नाम, औकात वगैरह कोई काम नहीं आता| क्योंकि प्रकृति हमारी औकात नहीं देखती, कोई भी हो व्यक्ति हो अस्पताल में एक नर्स की सुई के सामने झुकना ही पड़ता है|

मगर एक दूसरे की भलाई के लिए प्रेम-दया-करुणा से निस्वार्थ काम करते रहने से धन की कमी होने पर मनुष्य परमानन्द को प्राप्त कर सकते हैं और मरने के बाद भी अमर रह सकते हैं क्योंकि वो लोग सबके लिए अनुकरणीय हो जाते हैं, जैसे डॉ.

ए०पी०जे० अब्दुल कलाम जी एवं पंडित मदन मोहन मालविय जी।

गीता के इस अध्याय को पढ़ने से एवं अपने जीवन के आसपास होने वाली घटनाओं पर ध्यान देने से ये पता चलता है की जो भी निस्वार्थ कर्म करते हैं, वो किसी न किसी फल के रूप में वापस आता ही है। याद रखना चाहिए की ज़रुरत की हर चीज़ धन से नहीं खरीद सकते जैसे नींद, स्वस्थ, शरीर, भाग्य, अच्छे लोगों की संगत आदि। मगर आजकल ज्यादातर लोगों को हर कर्म के बदले सिर्फ धन दिखता है।

हर एक काम ईश्वर को समर्पण समझकर एवं जो प्राप्त है वही पर्याप्त है, सोचकर जीने वाले ही जीवन में खुश रहते हैं, क्योंकि उनको यह पता रहता है की हमारा जीवन का अंत भी निश्चित है और इकट्ठा करने वाले संसाधनों का उपयोग भी सीमित है, जैसे अमीर हो या गरीब एक दिन तीन किलो से ज्यादा खाना नहीं खा सकते। सौ साल के अन्दर किसी भी क्षण हर भौतिक वस्तु छोड़कर इस दुनिया से जाना ही है चाहे कोई भी हो।

मनुष्य को छोड़कर प्रकृति में हर चीज़ सिर्फ निस्वार्थ कर्म ही करते हैं। जैसे सूरज-चाँद, पेड़-पौधे, नदी-झरने, जानवर आदि। ये सब अपने लिए कभी कुछ इकट्ठा नहीं करते। जो भी प्रकृति से मिला है वो निस्वार्थ बाँटते हैं।

हम लोग ईश्वर के हाथ का एक उपकरण है। प्रकृति की सेवा के लिए यानि एक दूसरे की सेवा के लिए प्रतिज्ञाबद्ध रहना चाहिए।

दूसरों के लिए अच्छा सोचकर एवं अच्छा करके आत्मसंतुष्टी पूर्ण अच्छा जीवन मिल सकता है।

जब हमारी इन्द्रियाँ भौतिक मोह माया से फ़स जाती हैं तभी हम थोड़ी देर खुद की ख़ुशी केलिए अच्छे की जगह बुरी चीज़ों को स्वार्थ लाभ हेतु करने लगते हैं। ऐसे काम करते समय हमारी बुद्धि भ्रष्ट हो जाती है। जब अपनी इच्छाओं की पूर्ति नहीं होती तब गुस्सा, अवसाद एवं कई और गलत रास्तों पर चलने लगते हैं।

अपने इन्द्रियों को मोह माया से दूर रखकर, अपने बुद्धि को सही कामों के तरफ स्थिर कर, एक दूसरे के भलाई के लिए निस्वार्थ काम करने की सीख देकर तीसरा

अध्याय पूर्ण होता है।

~ ❧ ~

भगवद्गीता में छिपा है संसारिक मोह का नाश, जो आत्मा की मुक्ति का मार्ग प्रदर्शित करता है।

~ ❧ ~

81

ज्ञानयोग

हम सबका एक सामान्य प्रश्न है – हम कौन है?, क्या है?, यहाँ करना क्या है? बस इतना जानते हैं की हम एक माता-पिता की संतान हैं, वो हमारी परवरिश परवरिश करते हैं, पढ़ाते-लिखाते हैं, नौकरी या व्यापर से कमाना सिखाते हैं, शादी कराते हैं, फिर वो अपना परिवार चलाते हैं, उनका भी बच्चा होता है.... बस वही जो पहले अपने माता-पिता ने किया हम भी वही दोहराये चलते हैं |

आखिर क्या, यही जीवन है? क्या यही जीवन का उद्देश्य है ?

कुछ ऐसे ही प्रश्नों को हल करने की कोशिश इस अध्याय में की गई है| जब कृष्ण अर्जुन से कहते हैं कि तुमसे पहले मैंने प्रकृति का यह नियम यानि प्रकृति के हर चीज़ों के अस्तित्व का असली रहस्य सूर्य, मनु आदि को पहले ही बता चुके हैं, मगर कालांतर में हम सब प्रकृति के अंश होने के बावजूद हमारे अपने वास्तविक कर्तव्यों का वह रहस्य नष्ट होता गया और मोह माया के प्रभाव में आकर विपरीत दिशा में मनुष्य जीने लगा| वही घर-गृहस्थी चलाने के बोझ को पीढ़ी दर पीढ़ी दोहराते जा रहे हैं| इससे यह समझ सकते हैं की हजारों साल पहले के मनुष्यों को ये सब ज्ञान रहा होगा, इसलिए उस समय वेद उपनिषद् जैसे ग्रंथों को लिखा गया था, जब ऋषि महर्षि जैसे लोग ज्यादा रहते थे| आज जनसंख्या ज्यादा है और मोहमाया का प्रभाव भी ज्यादा है| उस समय गुरुकुल पद्धति से ज्ञानयुक्त ग्रंथों का अध्ययन हुआ करता था| आज समस्याओं से घिरे किसी व्यक्ति को भगवद्गीता जैसे ग्रन्थ दिए जाये तो वो लाल कपड़े में बांधकर पूजाघर में रख दिए जाते हैं और समस्यों को लेकर परेशान भी रहते हैं|

कृष्ण समझाते हैं की हम सब का पहले भी कई जन्म हो चुका है और आगे भी होता रहेगा| प्रकृति के हिसाब से अपना असली जीवन का लक्ष्य प्रकृति नियम को समझना एवं जन्म-मरण वाली इस मोह-माया युक्त जीवन से मुक्ति पाना है| अपने पिछले जन्म के कर्म एवं अनुभव की वजह से ही शायद हर आदमी अलग अलग परिस्थिति में जन्म लेता है और सब के गुण सोच विचार अलग-अलग होता होते हैं|

जब मैंने इस अध्याय के एक श्लोक को पढ़ा जिसमें लिखा था की अधर्म जब बढ़ जाता है तब धर्म को पुन:स्थापित करने के लिए हर युग में कृष्ण का अवतार होता है| भगवद्गीता हर युग में ही नहीं बल्कि प्रत्येक दिन जीने वाले व्यक्तियों को मार्गदर्शन कराता है| मेरे अंतर मन में यह सवाल आया की युग युग में श्रीकृष्ण क्यों आयेंगे, आज क्यों नहीं? मैंने इस बात को जब आम ज़िन्दगी से जोड़कर जानने की कोशिश की, तो मेरे समझ में यह आया की जब भी हमारे जीवन में किसी अराजक तत्वों से सामना होता है या किसी से लड़ाई झगड़ा होता है तो दो पक्षों में एक व्यक्ति सही (धर्मी) और एक व्यक्ति गलत (अधर्मी) होगा| सही व्यक्ति को गलत व्यक्ति अपने फायदे के लिए या अपने ताकत के बल पर प्रताड़ित करता रहता है| यदि सही व्यक्ति एवं गलत व्यक्ति दोनों आपस में एक जैसे लड़ते हैं तो वहाँ दोनों अधर्मी हुए| अगर सही व्यक्ति शांत रहता है और अपनी क्षमता के हिसाब से पीड़ा को सहता है (सामने वाले को माफ़ करते हुए उसको भूल जाता है) तो जल्दी ही सामने वाला पीड़ा देना कम करता है| जब सही व्यक्ति की सहनशक्ति समाप्त होते होते गलत व्यक्ति के साथ ईश्वर (प्रकृति) के तरफ से कुछ न कुछ सजा मिलती है| कभी कभी उनको सजा कुछ साल बाद भी मिल सकती है| हम खुद सजा नहीं दे सकते, अगर ऐसा कार्य करेंगे तो दोनों अधर्मी हुए| यदि ईश्वर पर पूरा भरोसा हो तो अपनी वेदना उनपर छोड़ दो, एक न एक दिन गलत व्यक्ति को अपने किये की सजा ज़रूर मिलेगी|

कहने का मतलब है की अगर किसी अच्छे के साथ कोई बुरा (अधर्म) करता है, इंतज़ार करो एक न एक दिन (किसी न किसी युग में मतलब किसी भी दिन भी समझ सकते हैं) उसको किये हुए गलत काम का परिणाम ज़रूर भुगतना पडेगा| ज़रूरी नहीं है की हम वो समझ पाये या देख पाए, मगर प्रकृति (इश्वर) अपना हिसाब बराबर से करती है|

प्रकृति की समझ एवं प्रकृति का ज्ञान जो जान पाता है उनका जीवन असाधारण हो जाता है, वो जन्म-मरण वाला चक्र से मुक्त हो जाता है और वो खुद कृष्ण बन जाता है या उसका कृष्ण में मिलन हो जाता है|

ख़ुशी में न ज्यादा ख़ुशी मनाओ (क्या पता कब तक ये टिका रहेगा), मिले हुए हर अच्छे चीज़ों के लिए हमेशा ईश्वर का एहसानमंद रहो, सरल जीवन बिताओ, अहंकारी न होकर सबके साथ प्यार से पेश आने की कोशिश करो, गरीब एवं असहाय व्यक्तियों के साथ सहानुभूति रखो| इस तरीके से हम अपने अच्छे कर्मों का फल इकट्ठा एवं बचाये रख सकते हैं |

कृष्ण अर्जुन से कहते हैं जो लोग जैसे मुझे पूजते हैं उनको वही प्राप्त होता है, आज की भाषा में मेरे समझ में इसका मतलब यह हुआ की हर आदमी का अपना एक संकल्प और सोच होता है| जो जैसा सोचते हैं एवं करते हैं, उनको वही मिल जाता है |

एक श्लोक में कृष्ण चातुर्वर्ण्य के बारे में बताते हैं| यदि इस चातुर्वर्ण्य को अपनी इस आम ज़िन्दगी से जोड़कर समझे तो यह बात आसान हो जाएगा उदाहरण किसी आफिस में कई कर्मचारी अपने अपने डिग्रियां एवं क़ाबलियत के हिसाब से अलग अलग पद पर कार्यरत है| कुछ लोग एकदम पढ़े लिखे नहीं होते और छोटे छोटे काम करने वाले होते है, थोड़े पढ़े लिखे लोग कुछ और बड़े काम कर रहे होते हैं, ज्यादा पढ़े लिखे लोग बड़े बड़े पद पर काम करते हैं| मगर करते सब मनुष्य ही है| कृष्ण ने अपने भाषा में सबके गुण एवं कर्मों के अनुसार चार भाग में बांटा गया बस|

कर्म से सम्बंधित कुछ और बातें इस अध्याय में समझाते हैं जैसे "कोई भी कर्म करते समय "हम" ने किया, "मैं" ने किया ऐसा सोच नहीं रखना चाहिए क्योंकि ये सोच हमारे अन्दर अहंकार को जन्म देते हैं और हम भूल जाते हैं हम ईश्वर का या प्रकृति के अंश हैं|

इस अध्याय में समझाया गया है कि इस दुनिया में या प्रकृति में जो भी चीज़ हम देखते हैं हर एक चीज़ प्रकृति का या ईश्वर का अंश है जिसको "ब्रह्म" भी बोला

जाता है| यदि हमें कोई कुछ भी देता है तो देने वाला, पाने वाला तथा जो कुछ भी मिल रहा है वह सब ब्रह्म में ही है यहाँ तक की उसका टिका रहना अथवा नष्ट होना भी ब्रह्म में ही है| मतलब अपना कुछ नहीं, इस प्रकृति में सब कुछ ईश्वर का ही अंश है यानि ब्रह्म का अंश है| मगर हमलोग "मैं", "हम" "अपना" यही समझकर जो अधिकार बनाये रहते हैं, वास्तव में अपना कुछ भी नहीं है यहाँ |

जैसे बिजली को हम देख नहीं पाते मगर बिजली से चलने वाली हर वस्तु को हम देख सकते हैं| इसी तरह हम अपने शरीर को देख सकते हैं मगर जिस आत्मा के अस्तित्व से हमारा शरीर जिंदा है या चल रहा है उस आत्मा को हम देख नहीं सकते, इसलिए हमें आत्मा की चिंता कम और शरीर की चिंता ज्यादा होती है| जिनको आत्मा की चिंता कम और शरीर का चिंता ज्यादा होती है वो हमेशा ऐसे ही जन्म-मरण वाली जीवन चक्र से गुजरता रहता है|

ज्ञानी लोग अपने अपने अलग अलग तरीके से मोह-माया को त्यागकर जीवन में संयम से जीने की कोशिश करते हैं| कोई इन्द्रियों को अपने वश में करके, जैसे कानों से कुछ बुरा सुना या आँखों से कुछ बुरा देखा तो व्यचलित न होकर अपने आपको संयम में रखने की कोशिश करते हैं क्योंकि किसी झमेले में पड़ेंगे तो आगे का हर कर्म बुरा होगा और मन एवं दिमाग फालतू चिंताओं से परेशान रहेगा| कुछ लोग मंदिर, पूजा या ज्ञानयुक्त ग्रंथों को पढ़कर अपने आपको व्यस्त रखकर मोह-माया से दूर रहते हैं| कुछ लोग प्राणायाम, योग आदि करके स्वयं को संयम में रखने की कोशश करते हैं| कुछ लोग खाने पीने में नियंत्रण करके सरल जीवन जीने की कोशिश करते हैं|

मतलब ज्ञानी व्यक्ति किसी से किसी भी तरह की लड़ाई झगडा न हो, न कोई झमेला में पड़े इस चीज़ का ध्यान रखते हैं, अगर कुछ हुआ भी, दुःख-दर्द एवं बदला लेने की भावनाओं को त्यागकर मन को संयम में रखकर हमेशा मन एवं दिमाग को आनंदित रखने की कोशिश करते हैं|

प्रकृति ज्ञान को जानने से बढ़कर कोई भी ऐसा कार्य नहीं है जिससे आत्मसंतुष्टि प्राप्त हो| ज्ञान हर वासनों को नष्ट कर देते हैं, जैसे वाल्मीकि ज्ञानप्राप्ति के बाद एक चंडाल से महर्षि बन जाते हैं|

मगर यह ज्ञान मिलना आसान नहीं होता| उस के लिए सही ज्ञानी पुयानि गुरु की खोज करनी होगी| उनके हर आज्ञा का पालन करना होगा, प्रश्न करते रहना होगा, साथ रहकर उनका आचरण एवं कर्मों का अनुसरण करना होगा| क्योंकि ज्ञानी गुरु लोग ऐसे ही लोगों को ज्ञान नहीं बांटते बल्कि आचरण एवं अनुसरण से जो व्यक्ति सत्य एवं ज्ञान की खोज में निरंतर परिश्रम करते हैं उन्हीं को ही देते हैं|

सत्य एवं ज्ञान को प्राप्त लोग कभी भी "मैं" और "मेरा" वाली स्वार्थ भावनावाली सोच में नहीं रहते| वो लोग प्रकृति के सब चीज़ों को अपने आत्मा में और बाद में कृष्ण यानि प्रकृति में पाएंगे|

कोई कितना पापी क्यों न हो, ज्ञान प्राप्ति से पाप मुक्त हो सकते हैं| आग जैसे लकड़ी को भस्म करते हैं वैसे ही ज्ञान हर अन्धकार भरे जीवन, गलत सोच विचार एवं बुरे कर्मों को नष्ट कर देते हैं|

श्रद्धा से इन्द्रियों को अपने वश में करके निरंतर ज्ञानार्जन में लगे हुए व्यक्ति को परम शान्ति प्राप्त होती है|

अज्ञानी व्यक्ति जिनको गुरु वचन में विश्वास नहीं होता और हमेशा हर चीज़ों को शक के नजरिया से देखता है| ऐसे लोग जीवन में ऊपर उठने के बजाय नीचे की ओर गिरने लगते हैं| जिनको हर चीज़ में शक करने की बीमारी हो वो कभी भी सुख एवं शान्तिपूर्वक जीवन नहीं जी सकत |

इसलिए अंत में कृष्ण अर्जुन से कहते हैं की अज्ञानता से उत्पन्न एवं हृदय में प्रतिष्ठित बेवकूफी वाली बातों को ज्ञान प्रहार से परास्त कर उठो और लड़ो| स्वयं को समझने के लिए जीवन में निराश होकर मत बैठो, उठो, समस्याओं से लड़ो और आगे बढ़ो|

82

कर्म सन्यास योग

आगे लिखने से पहले अपने आम ज़िन्दगी में मोक्ष का मतलब समझना ज़रूरी है| अक्सर लोग सोचते हैं की मोक्ष मतलब मरने के बाद होने वाली कोई चीज़ है| मगर ऐसा नहीं है| मोक्ष मतलब, मोह-माया के अधीन अपने से ज्यादा लगाव वाले किसी वस्तु, व्यक्ति या आदतों से विरक्ति होना| एक उदहारण से इसको आसानी से समझा जा सकता है|

ये समझ लीजिये की किसी को मसाला डोसा बहुत पसंद है| उसको हर-रोज़ सुबह, दोपहर एवं शाम को मसाला डोसा ही खिला दिया जाए तो क्या होगा? कुछ ही दिन में वो हाथ जोड़ लेगा और मसाला डोसा खाने की आदत छूट जायेगी और उससे विरक्ति हो जाएगी| इतना नफरत हो जाएगा की मसाला डोसा का नाम लेते ही वो भाग जाएगा| इसका मतलब मसाला डोसा की पसंद एवं आदत से उनको मोक्ष मिल गया|

कृष्ण, मोक्ष प्राप्ति के लिए दो रास्ता समझाते हैं (1) बिना कोई कर्म किये ज्ञानार्जन एवं ध्यान आदि में बिताकर मोक्ष प्राप्ति की ओर चलना (2) मैंने किया वाला अहंभाव से भी दूर रहते हुए समाज के एवं दूसरों के कल्याण के लिए निस्वार्थ सेवा करते रहना|

भौतिक सुख सम्पदा एवं माया के प्रभाव में फंसे लोगों के लिए निस्वार्थ सेवक बनना एवं नाम एवं प्रशंसा से दूर रहना बड़ा कठिन कार्य होता है| इसलिए कृष्ण कहते हैं की पहले धीरे धीरे कर्म फल का इच्छा त्यागकर हर कार्य को भगवद् सेवा

समझकर ईश्वर को अर्पण भाव से करने का अभ्यास किया जाना चाहिए तब धीरे धीरे नाम एवं प्रशंसा मिलने की इच्छा भी मिटने लगेगी|

हम लोग समझते हैं कि हर कार्य सिर्फ अपने करने से ही होता है | कभी कभी जब कुछ कार्य ठीक ढंग से करने में सक्षम नहीं होते है तो दुःख या विषाद होने की जगह वह कार्य ईश्वर को समर्पित करके हमें शान्ति से इंतज़ार करना चाहिए| आने वाले दिनों में या महीनों में वह कार्य अच्छे से होते हुए दिखने लगेगा और आपको ईश्वर की शक्ति का भी पता चल जाएगा| परन्तु जब वह काम तुरंत हमारे चाहने के हिसाब से नहीं होता तो हम गुस्सा एवं विषाद में जाने लगते हैं|

83

आत्मसंयम योग

कर्मफल के आश्रय में न रहकर हर काम को अपना कर्तव्य एवं दायित्व समझकर परब्रह्म को समर्पित करके आत्मशुद्धि रखने की सीख हमें इस अध्याय से मिलती है| क्योंकि निस्वार्थ एवं शुद्ध मन में ही हमारे भीतर अनगिनत गुणों को उजागर करके ही, खुद अपने को एवं अपने समाज को ज्ञान से प्रकाशमान बना सकते हैं| जन्म से मृत्यु तक हम कई तरह के चिंताओं से ग्रसित रहते हैं| जिसके कारण जीवन में हम कभी भी शाश्वत शांन्ति प्राप्त नहीं कर पाते| परब्रह्म का साक्षात्कार हो जाना मतलब हमारे अंतर असीम शान्ति का प्रवाह एवं अनुभव होना है| मन में जब तक फालतू या मतलबी चिंताओं का कचड़ा अगर भरा रहेगा तो वो हमेशा दुःख, दर्द, राग, द्वेष जैसी गन्दी दुर्गन्ध मन से निकलता रहेगा| व्यक्तियों को एवं वस्तुओं को पाने का एवं जीतने की कामना मन को हमेशा कलुषित करते रहेंगे| इससे छुटकारा पाने के लिए हर काम ईश्वर को अर्पण करके, कर्मफल को त्यागकर निष्ठावान होकर सेवा समर्पित भाव से कई साल तक निरन्तर अभ्यास करते रहना चाहिए| तब जाके एक दिन हम यह अनुभव कर सकते हैं कि कल तक सबकुछ "मेरा और तुम्हारा" जैसे जो सोचते थे वो सोच "ईश्वर का, ईश्वर का ही" ऐसे सोच में परिवर्तित होने लगेगा| इस तरह जब धीरे धीरे हमारा आत्मशुद्धि होने लगेगा तब हम अपनी फालतू चिंताओं से छुटकारा पाना भी सीख जायेगें|

कलुषित मन को कभी कभी किसी शांत जगह पर ध्यान करने से भी शुद्ध किया जा सकता है| आजकल बहुत सारे ध्यान (मेडिटेशन) पद्धतियाँ समाज में उपलब्ध है, जैसे राजयोग, चक्रा मेडिटेशन, ट्विन हार्ट मेडिटेशन आदि| गीता के

इस अध्याय में भी मन को नियंत्रण में रखने के लिए एक शुद्ध एवं शांत जगह पर किसी एक आसन में बैठकर चित्त एवं इन्द्रियों की क्रियाओं को वश में रखते हुए, स्थिर होकर अपनी नासिका के अग्र भाग पर दृष्टि जमाकर अन्य दिशाओं को न देखते हुए आत्मा को निरंतर परमेश्वर में लगा कर परमानन्द की पराकाष्टा रुपी शान्ति को हम प्राप्त कर सकते है| क्योंकि जीवन की यात्रा में जब भी मौका मिले, जितना हो सके, उस परब्रह्म पर ज्यादा से ज्यादा ध्यान केन्द्रित करके रहना ही यथार्थ ध्यान है|

लोग ज्यादातर अपने शरीर, वेशभूषा, धनार्जन, प्रसिद्धि आदि चीज़ों में ही ज्यादा ध्यान केन्द्रित करते हैं| इस ध्यान का अभ्यास करने वाला व्यक्ति को कोलाहलपूर्ण जीवनचर्या में आत्मा को संयम करके हर परिस्थिति को शांतिपूर्ण ढंग से बिताने का अभ्यास हो जाता है| क्योंकि आत्मा पर ध्यान केन्द्रित करने वाला "ध्यान" वस्तुनिष्ठ नहीं बल्कि आत्मनिष्ठ है| ऐसे ध्यान अभ्यास करनेवाले व्यक्ति हर वस्तु, जीव-जंतु एवं व्यक्तिओं में उस परमात्म चैतन्य तत्व का ही दर्शन करके, सबसे बिना किसी भेदभाव से मिलजुलकर रहते हैं| इस तरह मन का नियंत्रण करना कठिन ज़रूर है मगर कृष्ण समझाते हैं कि नित्य अभ्यास से सब कुछ संभव है|

ईश्वर का साक्षात्कार एवं ज्ञान प्राप्ति पाने के लिए "ध्यान" का अभ्यास करने वाले व्यक्तियों का, अपने लक्ष्यप्राप्ति के पहले अगर मृत्यु हो जाती है तो उनके साथ क्या होता है, यह भी कृष्ण इस अध्याय में समझाते हैं|

सात्विक एवं आध्यात्मिक ज्ञान प्राप्ति के लिए जो भी कदम हम बढ़ाते हैं, ईश्वर कहते हैं की वो थोड़ा भी क्यों न हो हमेशा कल्याणकारी ही होता है| ज्ञानप्राप्ति के अभ्यास से पहले अगर मृत्यु भी हो जाती है, अगला जन्म वही से ही फिर शुरू हो जाता है यानि जो भी ज्ञानप्राप्त हुआ, वो आगे भी काम आ जाता है कभी नष्ट नहीं होता है| ऐसे ही व्यक्ति अपने अगले जन्म में महात्माओं के घर पर जन्म लेते हैं| बचपन से ही ऐसे ही आध्यात्मिक संस्कार अगर बच्चों को दिया जाये, तो बच्चों को जीवन के लक्ष्य प्राप्त करने में सहायक हो सकता है|

ज्ञान, तप एवं कर्म हमेशा माया से मन को मुक्त करके परब्रह्म चैतन्य का साक्षात्कार प्राप्त करने के लिए होना चाहिए| बाहर के भौतिक चीज़ों से मन एवं

इन्द्रियों को हटाकर अपने अंदर विराजमान जीव चैतन्य के गुणों को जानकर आत्म संयम से शान्ति से स्थिरबुद्धि में रहने वाले लोगों को भगवान "योगी" कहते हैं| वही योगी लोग जीवात्मा एवं परमात्मा के समर्पण में निष्काम कर्म करके लोक रक्षा, विश्वशांति एवं लोक कल्याण के लिए हमेशा तत्पर रहते हैं| काशी हिन्दू विश्वविध्यालय के संस्थापक भारत रत्न से सम्मानित पंडित श्री मदन मोहन मालवीय जी ऐसे ही एक "योगी" है इसमें संशय नहीं है|

84

ज्ञानविज्ञान योग

हम लोग हमारे मन की सीमाओं के बारे में अज्ञान हैं| बस छोटे छोटे एवं थोड़ा बहुत काम करके ही या एक परिवार चलाकर ही हम अपने आपको जीवन में बहुत कुछ कर लिया कहा करते हैं| मगर इस अध्याय में भगवान मन के असीमित शक्तियों की शास्त्रीयता के बारे में बताते हैं| भगवान यह भी कहते हैं की अगर कोई इतना भी जान लिया तो फिर जानने के लिए कुछ बचा ही नहीं| हजारों लोगों में कुछ ही लोग आध्यात्मिक ज्ञान को जानना चाहते हैं| उन हज़ारों में बस कुछ ही लोग थोड़ा बहुत इसको जान पाते हैं और उन थोड़े लोगों में एक ही व्यक्ति अंतिम में शायद आत्म साक्षात्कार कर पाता है, यानि भगवान को तत्व से अर्थात यथार्थ रूप से जान पाता है| वो एक व्यक्ति अगर हम बन पाये तो जीवन को धन्य मानना चाहिए |

मनुष्य एवं प्रकृति के सम्पूर्ण ज्ञान को भगवान इस अध्याय से हमें सिखा रहे हैं| मनुष्य की दो प्रकार की प्रकृति होती है, एक है नीच प्रकृति या अपरा प्रकृति और दूसरा श्रेष्ठ प्रकृति या परा प्रकृति| पंचभूत (आकाश, वायु, अग्नि, जल एवं पृथ्वी), मन, बुद्धि एवं अहंकार, ये आठ प्रकार से विभाजित हमारी अपरा प्रकृति है जो नश्वर है| परा प्रकृति मतलब अति सूक्ष्म ईश्वर का जो चैतन्य है जो हमारे अंतर या हर चराचर में विराजमान है| हर वस्तु या जीवजंतु युक्त अपरा प्रकृति में ईश्वर चैतन्य एक धागे में पिरोये मोती की तरह रहते हैं|

उस ईश्वर चैतन्य को समझते हुए हर कार्य को करने के लिए, भगवान चौदह उदाहरण हमें देते हैं| पानी में प्यास बुझने के रूप में, सूर्य-चंद्र में प्रकाश के रूप में,

हर मन्त्रों में प्रणव यानि ओंकार के रूप में, आकाश में शब्द के रूप में, व्यक्तियों में पौरुष के रूप में, धरती की महक के रूप में, अग्नि में तेज के रूप में, सर्व जीवजंतुवों में जीव चैतन्य के रूप में, तापसी लोगों के तप में, हर जीव-जंतुओं की उत्पत्ति के सनातन बीज के रूप में, बुद्धिमान लोगों में बुद्धि के रूप में, तेजस्वी लोगों में तेज के रूप में, बलशाली लोगों के काम राग द्वेष रहित शक्ति के रूप में, हर जीव-जंतुओं से उत्पन्न निस्वार्थ सेवा भाव आदि समस्त चीजें भगवद् स्पर्श से ही सम्पूर्ण होता है|

प्रत्येक व्यक्तियों के सूक्ष्म शरीर में या मन में भगवद् चैतन्य के द्वारा ही सात्विक (निर्मल एवं दैविक), राजसिक (मोह एवं मानुषिक), तामसिक (आलस्य एवं आसुरीय) जैसे गुण प्रकाशित होते रहते हैं| मगर ईश्वर इन तीनों गुणों से परे हैं| उदाहरण के लिए बिजली न गरम है न ठंडा, मगर बिजली से उपयोग करने वाले उपकरणों में ये सब गुण देखे जा सकते हैं| हमारा मन ऐसे ही तीनों गुणों से बना है मगर हर गुणों का अनुपात हर व्यक्ति में अलग अलग मात्रा में है| इसलिए जब हम उस मन से दुनिया को देखते हैं तो गुणों के अनुपात के अनुसार ही हम हर चीज़ का अनुभव करते हैं| ईश्वर द्वारा निर्मित मन का, शरीर से तादात्म्य (एक होना) करने को ही माया कहते हैं| इस माया से मुक्त होने के लिए मन से भी परे आत्म चैतन्य से हमारा तादात्म्य होना पड़ेगा| जो भी विवेक एवं बुद्धिहीन लोग नश्वर-अनश्वर, स्थूल-सूक्ष्म, सत्य एवं मिथ्या इन चीज़ों को विस्तार से नहीं जान पाते, वो लोग नश्वर राग, द्वेष, मोह एवं माया में पड़कर आसुरीय वासनाओं से ग्रसित हो जाते हैं|

ईश्वर में आस्था रखने वाले लोग ईश्वर को चार तरीके से भजते हैं| सांसारिक पदार्थों के लिए भजने वाले लोग, संकट निवारण के लिए भजने वाले लोग, ईश्वर को यथार्थ रूप से जानने की इच्छा से भजने वाले लोग एवं हमारा शरीर भगवान का एक उपकरण है समझकर निस्वार्थ भक्ति एवं सेवा कार्य में लगे ज्ञानी लोग, ईश्वर के लिए ये चारों लोग प्रिय है| मगर निस्वार्थ सेवा में तत्पर ज्ञानी लोग ईश्वर को अत्यंत प्रिय हैं और भगवान ये भी कहते हैं कि ऐसे लोग ईश्वर का ही स्वरुप है| कई जन्मों के उपरान्त, अंत के जन्म में ही तत्वज्ञान को प्राप्त करनेवाले ऐसे निर्मल चित्त युक्त, निस्वार्थ सेवा में तत्पर ज्ञानी लोगों का जन्म होता है, ऐसे महात्मा अत्यंत दुर्लभ है| इसलिए भगवान कहते हैं की हर व्यक्ति को तीव्र परिश्रम से ज्ञानी भक्त बनने की कोशिश करनी चाहिए| संसार में इच्छा और द्वेष,

सुख-दुःखादि द्वन्द्वरूप मोह से उत्पन्न अज्ञानता के कारण ही कोई ज्ञान भक्त नहीं बन जाता| परन्तु निष्काम भाव से श्रेष्ठ कर्मों को करने वाले पुरुषों का पाप नष्ट हो जाता है और वो दृढ निश्चयी भक्त ईश्वर को सब प्रकार से भजते हैं|

शरीर अशुद्ध है, जीवात्मा परिशुद्ध है| शरीर दुःख का कारण है, आत्मा आनंद स्वरुप है| इसलिए नश्वर एवं अशुद्ध शरीर के साथ मोह माया युक्त तादात्म्य को कम करके अति सूक्ष्म परम चैतन्य के साथ तादात्म्य रखने की ज्ञान प्राप्ति जितना जल्दी मिल जाए उतना ही अच्छे से हम जीवन को धन्य कर पाएंगे|

85

अक्षरब्रह्म योग

अर्जुन के सात प्रश्नों के साथ ये अध्याय शुरू होता है जैसे

(1) ब्रह्म क्या है ?

(2) अध्यात्म क्या है ?

(3) कर्म क्या है ?

(4) अधिभूत नाम से क्या कहा गया है ?

(5) अधिदैव किसको कहते हैं?

(6) अधियज्ञ कौन है?

(7) युक्त चित्त वाले पुरुषों द्वारा अतं समय में आपको (भगवान) किस प्रकार जानना चाहिए?

उत्तर में श्रीकृष्ण कहते हैं कि:

(1) जो क्षर नहीं होता मतलब अक्षर है वह ब्रह्म है।

(2) उस अक्षर ब्रह्म के स्वभाव को अध्यात्म कहते हैं।

(3) जीवजंतुओं के भाव को उत्पन्न करने वाले त्याग को कर्म कहते हैं|

(4) इस नश्वर प्रकृति को अधिभूत कहते हैं|

(5) हर जड़ प्रकृति को जीवंत करने वाला ब्रह्मांश को अधिदैव कहते हैं|

(6) शरीर से परे एवं अंतर्यामी होकर हर कार्य को करने के लिए प्रेरित करने वाले परब्रह्म को ही अधियज्ञ कहते हैं|

सातवाँ प्रश्न के उत्तर में श्रीकृष्ण कहते हैं की मृत्यु के समय जो भी ईश्वर का स्मरण करता रहेगा वो ईश्वर के ही स्वरूप को प्राप्त करता है| मृत्यु समय जो भी वासना हमारे अंतर में विद्यमान रहेगा अगले जन्म में भी हम वही वासना हम पर प्रकट रहेगा| बचपन से हम जो भी सोच विचार से जीना शुरू करते हैं, अंतिम समय में भी वही आदतें बनी रहती हैं, इसलिए बचपन से ही बच्चों में अध्यात्म ज्ञान एवं अच्छे संस्कार दिये जाएँ तो अंत तक वही स्वभाव स्थिर रह सकता है| इसके लिए निरंतर अभ्यास की ज़रुरत है| मन एवं बुद्धि को ईश्वर में अर्पण कर के ही हर कार्य को करना चाहिए है|

पिछले अध्याय में आत्मा को संयम रखने की जो ध्यान विधि बतायी गयी थी उसी ध्यान विधि के द्वारा इन्द्रियों पर नियंत्रण करके परात्मा के ध्यान में जो भी रहेगा वो परम गति को प्राप्त करता है| उन लोगों को वासना युक्त एवं बंधन युक्त इस संसार में फिर जन्म लेना ही नहीं पड़ता| भौतिक वस्तुओं के मोह में रहने वाले को उसके नष्ट होने पर अत्यंत दुख का सामना करना पड़ता है|

बहुत पहले से ही लोग दो तरह के जीवन जीते थे| एक पाँच इन्द्रियों एवं मन को नियंत्रण में करके इश्वरार्पण में जीना, दूसरा इन्द्रियों पर किसी भी तरह का नियंत्रण न करके निरंतर भौतिक वासनाओं में घिरे रहना| इस दूसरे विधि से जीने वालों को बार बार जन्म मृत्यु वाले दुनिया में बार बार जन्म लेकर लोभ मोह माया में फंसकर जीना मरना पड़ता है| पहले वाले लोग ईश्वर से जुड़े रहने के कारण आनंद की अनुभूति करते हैं और अंत में परमब्रह्म को प्राप्त कर लेते हैं|

86

राज विद्‌या राज गुह्य योग

दोषदृष्टि रहित अर्जुन को कुछ और रहस्य विद्‌या इस अध्याय में भगवान समझा रहे हैं| श्रीकृष्ण कहते हैं की अध्यात्म ज्ञान विद्‌या जितना बड़ा है उतना ही हमारे अन्दर वो उत्तम, पवित्र, प्रत्यक्ष एवं स्वधर्म कर्तव्य ज्ञान गुह्य भी है| जिनकी श्रद्धा एवं भक्ति नहीं है उन केलिए ये कभी भी ग्राह्य नहीं है| बिना इस ज्ञान को जाने कोई भी इस जन्म-मृत्यु वाले जन्म-चक्र से मुक्ति नहीं पा सकता| यह जगत ईश्वर से उत्पन्न होकर, ईश्वर में ही स्तिथ होकर, ईश्वर में ही विलय हो जाता है जैसे समुद्र की लहरें समुद्र के किनारे तक आकर वापस समुद्र में ही मिल जाती है| भगवान यह भी कहते हैं की "सबकुछ मुझ में है, हम किसी में नहीं है ठीक वैसे ही जैसे आकाश में वायु हर जगह व्याप्त है"|

जब प्रलय के बाद दुनिया का अंत हो जाता है, वही पुराने ही चीज़ों से ईश्वर फिर इस सृष्टी का पुनः निर्माण करते हैं| ईश्वर ही इस प्रकृति को और हम जैसे जीव-जंतुओं की सृष्टी करते हैं, इसलिए हमें क्या करना चाहिए और क्या नहीं करना चाहिए यह नियम भी ईश्वर ही बनाते हैं ईश्वर का बनाया हुआ उस प्रकृति के नियम के अनुसार अगर हम जीते हैं, तो हमेशा आनंदानुभूति को प्राप्त कर सकते हैं| ईश्वर का कोई रूप नहीं होता मगर हम अज्ञानी मनुष्य ईश्वर को भी हम जैसे एक मनुष्य के तरह देखते एवं सोचते हैं|

जो लोग माया के प्रभाव से एवं राज-तम गुणों के कारण धन, दौलत एवं भौतिक

चीजों में आसक्ति रखते हैं एवं अपने घर परिवार के रिश्तों से दृढ़ सम्बन्ध एवं अधिक महत्व देते हैं| अपने अज्ञानता के कारण ही मनुष्य ईश्वर को खुश करने के लिए जानवरों की बलि देने जैसा निकृष्ट कार्य करते हैं|

सात्विक लोग हमेशा सबके हित का ही कार्य करते हैं और अपने अंतर्मन को शुद्ध करने एवं शांत रखने के लिए खाली समय में भगवान का भजन कीर्तन करते हैं या निस्वार्थ सेवा में लग जाते हैं क्योंकि वो लोग जानते हैं की परब्रह्म ध्यान ही परम शान्ति का मार्ग है| सत-रज-तम गुणों से प्रभावित समाज के लोगों में तरह तरह स्वभाव का दिखना स्वाभाविक है, मगर ज्यादातर लोग सोचते है की हम श्रेष्ट है, सब को हमारे सोच विचार के अनुसार चलना चाहिए, अगर कोई आपके सोच के विपरीत चल रहा है तो आपके अन्दर उनके प्रति विद्वेष पैदा हो जाता है और वही विद्वेष किसी और को नहीं अपने आपको ही नुकसान करता है| उदाहरण स्वरुप, यदि किसी कागज़ पे आग लगती है तो जलकर राख भी वही कागज़ होगा, ना की दूर रखा दूसरे कागज़ का होगा| हम दूसरों के कर्मों को अच्छे है या बुरे है का आंकलन करने लगते हैं और हम ही यह निष्कर्ष भी निकाल लेते हैं की कोई बुरा कर रहा है उनका बुरा हो, जबकि यह हमारा काम नहीं है|

जिसको हम बुरा कर्म सोच रहे हैं हो सकता है की प्रकृति के हिसाब से या ईश्वर के हिसाब से वो कोई सत्कर्म ही हो| जैसे किसी परिवार में किसी एक को निस्वार्थ सेवा करने की आदत हो, जिससे समाज में बहुत लोगों का कल्याण हो रहा हो| उसी परिवार के दूसरे व्यक्ति, स्वार्थी, मतलबी एवं जलन के कारण हमेशा उस निस्वार्थ सेवा करने वाले व्यक्ति की बुराई करते रहें और चाहे की उनका बुरा हो तो प्रकृति के हिसाब से दूसरे की सोच गलत है| दूसरा व्यक्ति अपने स्वार्थ मन को कलुषित करके हमेशा दुखी एवं संशय में रहते है और हर संभव कोशिश भी करते हैं की सेवा देने वाले व्यक्ति का बुरा हो| मगर स्वार्थ एवं बुरा सोचने वाले व्यक्ति हमेशा दुःख-दर्द, अशांत एवं अवसाद अवस्था में हो जाते हैं एवं हमेशा परेशान रहते हैं| इसलिए दूसरे अध्याय में श्रीकृष्ण कहते हैं की "क्षुद्रं हृदयदौर्बल्यं त्यक्त्वोत्तिष्ठ परंतप" अर्थात खुद के मन को दुःख-दर्द पहुंचाने वाले विचारों का त्याग करो और छठवें अध्याय में भगवान कहते हैं "नात्मानमवसादयेत्" अर्थात अपने को अधोगति में डालने वाले सोच से मन को कलुषित मत करो| दूसरों का दोष खोजने एवं देखने से मन अशुद्ध एवं अपवित्र हो जाता है और हमेशा आपका मन खुद आपको ही परेशान करता रहेगा, जो भी अच्छा कार्य आपसे होना हो आपसे होगा नहीं क्योंकि

अपने अन्दर का द्वेष भाव अपने ही अन्दर के सभी अच्छाईयों को छुपा देता है| हम अच्छे हैं, हम अच्छे हैं खुद बोलने से हम अच्छे नहीं हो जाते, बल्कि हमारा अंतरमन एकदम शांत होकर, दूसरों की बुराई देखने की जगह सिर्फ अच्छाईयाँ देखने की आदत, जब हमारा मन विकसित कर लेता हैं तब हम असली में अपने आपको को "अच्छा" कहने लायक होते हैं| सोच विचार एवं कर्म से पवित्र, निस्वार्थ, किसी से भी किसी भी तरह का द्वेष या भेदभाव रहित मन ही एक अच्छे व्यक्ति की पहचान है|

अगर हमें भगवान पर अटूट विश्वास हो, भक्ति हो, कोई भी कर्म हो या आपके अन्दर उत्पन्न कोई भी सोच, सब कुछ भगवान को अर्पित करते रहने से भी हम असीम शांन्ति को प्राप्त कर सकते हैं| क्योंकि सबकुछ भगवान से शुरू और भगवान में ही समाहित हो जाना है| गरम, ठंडा, बारिश, जन्म, मृत्यु, धन, दौलत, समृद्दि सब कुछ भगवान की कृपा से ही होता है|

पिछले जन्म में अच्छे कर्मों से बहुत सारे पुण्य कमाये हुए लोग धरती में जन्म लेकर अच्छा जीवनयापन करते हैं| कमाये हुए पुण्य का जब क्षय हो जाता है तो वही लोग फिर परेशानियों से घिर जाते हैं| इसलिए कुछ ऐसे व्यक्ति या परिवार होते है जो बहुत अच्छे से रहने के बावजूद भी बाद में परेशानियों में फंस जाते हैं और उनका वर्चस्व क्षय होने लगता है| पिछले जन्मों में कमाये हुए पुण्य से अब तक सुखपूर्वक जीवन चल रहा था, इस जन्म में मौज मस्ती एवं अहंकार से सारा कमाया हुआ पुण्य नष्ट कर दिया गया और न उसको बरकरार रख पाया, न नया पुण्य कमा पाया|

भगवान कहते हैं "जो सबकुछ हमेशा मुझमें विश्वास करके अर्पित करके चलता हैं उनका सारा उत्तरदायित्व मैं खुद अपने ऊपर लेता हूँ| जो भक्ति करने के बीच का विकल्प से चलते हैं, वो भक्ति करने का रस्ता बदलते रहते हैं| कभी अलग अलग देवताओं का पूजा करते हैं, कभी पितरों का पूजा करते हैं आदि| मगर वो मुझसे सीधे सम्बन्ध जोड़ते तो उसको परम शान्ति प्रदान हो जाता"|

जब हमारे हर कार्य को कर्म को खाना, पीना, चलना, दान, धर्म, सेवा सब कुछ जब भगवान को अर्पित करके चलने से अगर उसमें कोई बुराई भी हो तो भगवान को चला जाता है, और अपने मन अकलुषित एवं पवित्र रह जाता है| भगवान सबकुछ

में है, भगवान का कोई शत्रु नहीं, कोई भी मित्र नहीं, जो उन्हें निस्वार्थ एवं अर्पण भाव से मन शुद्ध करके भजता है तब भगवान उनके अन्दर अपने प्रभाव से उन्हें चमकाता है| चाहे वो एक क्रूर व्यक्ति हो, पापी हो या कोई भी गुण- गण के लोग हो, अगर कोई सब कुछ सीधे भगवान को अर्पण करके जीता हो तो उसका सारा पाप नष्ट हो जाता है|

87

विभूतियोग

जैसे पहले भी कहा गया था की हमारे जन्म के पहले भी दुनिया थी और हमारे मरने के बाद में भी रहेगी, क्योंकि प्रपंच कहाँ से शुरू कहाँ खत्म, इसको पूरी तरह जान पाना तो मुश्किल है| हम साधारण मनुष्य प्रपंच के अनेकों जीव जन्तुओं जैसे सृष्टियों में बस एक सृष्टिमात्र है जिसको सर्वश्रेष्ट सृष्टि माना गया है| क्योंकि मनुष्य के आलावा और कोई भी जीव-जन्तु भगवान के बारे में न सोचता है, न जानता है, ना हीं लिखता है और वर्णन करता है| जब हम मनुष्यों में इतनी खूबियां हैं, तो मनुष्य साधारण जीव जन्तुओं के तरह सिर्फ खाते, पीते, जीते मरते नहीं हैं बल्कि बहुत चीज़ों का एवं लोगों का सहारा बन सकते हैं तथा नयी नयी सुख सुविधाओं का निर्माण एवं आविष्कार कर सकते हैं और साधारण से असाधारण व्यक्तित्व बनकर उभर सकते हैं|

हम सब परब्रम्ह के अंश हैं, हमारे अन्दर भी असीमित खूबियाँ हैं| हम अपनी सद्बुदि्ध द्वारा लोकहित में बहुत सारा कार्य कर सकते हैं| विश्व में अनगिनत लोग जीते हैं और मरते हैं परन्तु जो व्यक्ति अपनी श्रेष्ठता द्वारा, अपनी बुदि्ध द्वारा, अपनी खूबियों को पहचान कर, विश्व कल्याण के लिए कर्म करते हैं उनसे हम सब प्रेरणा लेते रहते हैं तथा उनका सम्मान करते हैं| श्रीकृष्ण अपने विभूतियों (खूबियों) के बारे में इस अध्याय में बता रहे हैं क्योंकि अर्जुन या हम मनुष्यों के अन्दर श्रेष्ठ से श्रेष्ठ बनने के अनेकों गुण मौजूद हैं| श्री कृष्ण द्वारा अर्जुन से अपनी श्रेष्ठता के बारे में कहे गए कुछ बातों का संक्षिप्त में वर्णन कर रही हूँ : ज्योतियों में किरणों वाला सूर्य, जलाशयों में समुद्र, महर्षियों में भृगु, शब्दों में एक अक्षर ॐकार, वृक्षों में पीपल, देवर्षियों में नारदमुनि, मनुष्यों में राजा, सर्प

में सर्पराज वासुकि, दैत्यों में प्रह्लाद, छंदों में गायत्री छंद, ऋतुओं में वसंत तथा मुनियों में वेदव्यास आदि|

अब इसी बात को यदि हमलोग अपने जीवन में एवं समाज से तुलना करके अगर देखा जाये तो विभूतियुक्त (खूबियों से युक्त) ऐसे कई व्यक्तियों को हम अपने आसपास देख सकते हैं, जो अपने श्रेष्ठता को प्राप्त किये हुए हैं| हमलोग स्कूल-कॉलेज में जब पढ़ते हैं अपने क्लास में भी एक या दो छात्र/छात्राएं ऐसे होंगे जिन्हें हमलोग "मेधावी छात्र" कहते हैं| सभी छात्र–छात्राएं दिखने में एक जैसे ही है मगर कुछ लोग अपने बुद्धि से एवं हुनर से दूसरों से आगे रहते हैं| उदाहरण स्वरुप योगियों में रामदेव बाबा, क्रिकेटरों में सचिन तेंदुलकर, संगीतकरों में स्वर कोकिला लता मंगेशकर, धनवानों में बिल गेट्स, वैज्ञानिकों में डॉ. ए.पी.जे. अब्दुल कलाम, फुटबाल खिलाड़ियों में क्रिस्टियानो रोनाल्डो, अध्यात्मिक गुरुओं में स्वामी विवेकानंद, आदर्श पुरुषों में महामना पंडित मदन मोहन मालवीय जी इत्यादि|

इस अध्याय के बीसवें श्लोक से प्रकृति के अनेक वस्तु, जीव एवं जंतुओं में अपने अपने क्षेत्र में जो "मेधावी" हैं उसके बारे में भगवान बता रहे हैं|

बहुत लोग जीवन में छोटे मोटे नौकरी या बस रोज़ी रोटी के जुगाड़ में ही जीवन बिताते हैं और अपने को बस बहुत सीमित मानते हैं| अगर किसी को कोई नौकरी न मिला या छोटा मोटा काम ना मिला तो परेशान हो जाते हैं| लोग यह नहीं समझ पाते की हमारे अन्दर ईश्वर के द्वारा दिए हुए अनेकों गुण एवं खूबियाँ हैं और हम बहुत कुछ कर सकते हैं|

एक कार्य क्षेत्र में सफल नहीं हुआ तो अनेकों अलग अलग कार्यक्षेत्र में कोशिश करते रहना चाहिए| हां, मगर अपने अंदर क्या क्या गुण हैं जिससे हम अपने जीवन को सफल बना सकते हैं| ये जानने के लिए एक अनुभवी गुरु का होना ज़रूरी है और साथ में कई महान लोगों की किताबें पढ़कर उन लोगों के जीवन से भी मार्गदर्शन ले सकते हैं|

जैसे एक आम का पेड़ है| हम लोग ज्यादातर इतना ही सोचते हैं की आम का पेड़ है तो "आम का फल" मिलेगा क्योंकि जब आम का पेड़ के बारे में सोचते हैं तो ज्यादा

ध्यान "आम का फल" में ही जाता हैं| मगर एक पेड़ से अनेकों लाभ मिल सकते हैं जैसे पेड़ आक्सीजन छोड़ते हैं, वो मनुष्यों केलिए "आम का फल" से ज्यादा हर एक सेकंड महत्वपूर्ण होता है, मगर हम उसके बारे में सोचते ही नहीं क्योंकि वो हमें दीखता नहीं| उसके आलावा भी पेड़ से और जीव जंतुओं को कई फायदे होते हैं, छाव देते हैं, पते काम आते हैं, लकड़ी काम आता हैं वगैरा वगैरा|

इसी तरह हम मनुष्य के अन्दर भी अनगिनत खूबियाँ हैं जिससे एक क्षेत्र में ही नहीं बल्कि कई क्षेत्र में हम अपना हुनर दिखा सकते हैं और सफल हो सकते हैं|

उदाहरण स्वरुप एक आदमी गायक है, दूसरा आदमी चित्रकार है और एक आदमी खेल में माहिर है| मगर यह तीनों गुण तीनों व्यक्तियों के अन्दर भी है| सभी लोग गा सकते हैं, सभी लोग चित्र बना सकते हैं और सभी लोग खेलखूद भी सकते हैं| मगर अनेकों खूबियाँ सबके अन्दर होने के बावजूद, सबसे ज्यादा रूचि वाले क्षेत्र को हम लोग चुनते हैं और उस क्षेत्र में अपना करियर बनाने की कोशिश करते हैं| अपने रूचि के अनुसार जो भी कार्य क्षेत्र हम चुनते हैं उस क्षेत्र में अच्छे से अच्छे एवं नए नए प्रयोगों के साथ 'आम' से 'खास' बनने से हम उस क्षेत्र में दूसरों के बीच "मेधावी" हो सकते हैं या अपना अलग पहचान बना सकते हैं| आखिर अपने अन्दर की विभूतियाँ ही हैं जो हमें 'आम' से 'खास' बनने में मदद करती हैं|

88

विश्वरूप दर्शन योग

इस अध्याय में श्री कृष्ण ने अर्जुन को अपने विराट रूप का और अपने सौम्य रूप का दर्शन कराया है| किस प्रकार सभी जीव सृष्टिकर्ता कृष्ण में समाये हुए है दिखाकर ब्रह्माण्ड का दर्शन कराये हैं|

यदि व्यक्ति अपनी खूबियों को जान लें तथा उसके अनुसार कर्म करें तो उसके कर्मों के श्रेष्ठता के बारे में पूरी दुनिया जान सकती हैं और इसी तरह अपने कर्मों के ख्याति से, साधारण से असाधारण बनकर खुद को अपने गाँव, गली, मुहल्ले, शहर, या जिले तक ही सीमित न रखकर विश्वभर में जाने जा सकते हैं जो सनातनकाल तक हर पीढ़ियों के लिए प्रेरणा एवं मार्गदर्शन देते रहेंगे|

साधारण से असाधारण व्यक्तित्व का जो ज़िक्र किया गया है उसी में एक व्यक्ति का सौम्य या साधारण रूप भी है, अपने खूबियों से, असाधारण कर्मा से खुद का व्यक्तित्व विकास हो जाना, उस व्यक्ति द्वारा किये गए कर्मों से अनेकों लोगों का प्रेरित होना, उनका आचरण करना, सम्मान करना ऐसे एक साधारण व्यक्ति का असाधरण व्यक्तित्व बन जाना भी कृष्ण के सौम्य रूप एवं विश्वरूप के बराबर है|

गीता में इस ब्रह्माण्ड के अधिपति परह्ब्रह्म रुपी श्रीकृष्ण अर्जुन को अपने साधारण रूप से विश्वरूप दिखाते हैं| पहले जब मैं गीता पढ़ता था तब इस चीज़ को एक कहानी के रूप में पढ़कर छोड़ देता था| बार बार पढ़ने के बाद ये समझ आने लगा की गीता में जो भी भगवान की महिमा या बातों को लिखा गया है वो बस पढ़ कर आनंद लेने के लिए नहीं बल्कि अपने जीवन में उस विद्या का पालन करने या

"

अनुसरण करने के लिए है |

हर मनुष्य दिखने में करीब एक जैसे ही दीखते हैं मगर हमलोग अक्सर अपने जीवन में कुछ व्यक्तियों के बारे में आम तौर पर कहते हैं जैसे "कोई आम से खास बन गया ", "साधारण से असाधारण बन गया ", "सीमित से असीमित बन गया " आदि|

भगवान भी अर्जुन से एक साधारण मनुष्य रूप में (सौम्य रूप में) ही तो बातें कर रहे थे, मगर अर्जुन की अज्ञानता को दूर करने एवं एक साधारण मनुष्य द्वारा सीमित से असीमित कार्यों को अपने कर्मों से स्वयं का विस्तार कर सकते हैं, यही खुद भगवान अपने विराट रूप से हम सबको दिखा रहे हैं एवं प्रेरित कर रहे हैं|

भगवान अपने सौम्य रूप से विराट रूप दिखाने के बाद अर्जुन के कहने पर वापस अपने सौम्य रूप में भी आ जाते हैं| इसमें भी हमारे जीवन में सीखने लायक एक बहुत बड़ी बात छिपी है जैसे, हम अपने कर्मों से, सद्बुद्धि से बड़े से बड़े व्यक्तित्व तो बन सकते हैं, मगर कुछ लोग बड़े बनने के बाद अपने को भूल जाते हैं या धन दौलत के प्रभाव से इंसानियत भूल जाते हैं और घमंडी बन जाते हैं| इसलिए साधारण से असाधारण बनिए, आम से खास बनिए मगर यह नहीं भूलना चाहिए की अच्छे कर्मों से कितने भी बड़े बने हो मगर अपने व्यक्तित्व को नहीं भूलना चाहिए, इंसानियत को नहीं भूलना चाहिए| बड़े बनकर भी हमारा कर्तव्य तो दूसरों के लिए सहारा बनना ही तो है|

89
भक्तियोग

इस अध्याय में अर्जुन श्रीकृष्ण से पूछ रहे है कि ईश्वर के साकार एवं निराकार भावों के उपासना करने वालों में श्रेष्ठ कौन है? परब्रम्ह की प्राप्ति करने वाले व्यक्ति के क्या लक्षण हैं? भक्ति का तात्पर्य क्या है इत्यादि|

पिछले अध्यायों में सृष्टीकर्ता की खूबियों, श्रेष्ठताओं, उनके शक्तियों और उनके विराट रूप को जानने तथा समझने के बाद परमात्मा से हमारी भक्ति बढ़ना तो स्वभाविक ही है| हम ब्रम्ह को दो रूप में उपासना करने लगते हैं एक साकार और दूसरा निराकर, जो जिस सोच में उपासना करता है उसे उसी के अनुरूप ही ईश्वर का आशीर्वाद प्राप्त होता है|

साकार उपासक भगवान को मूर्ति रूप में उपासना एवं पूजा करते हैं, इसलिए उपासक को उसी संकल्प के अनुसार ही ईश्वर का आशीर्वाद प्राप्त होता है|

निराकार उपासक ब्रम्ह चैतन्य को केवल मूर्ति में ही न मानकर, सर्वत्र मानते है, इसलिए उपासक हर एक कर्म भगवान का पूजा समझकर समर्पित भाव से करते हैं और जो भी प्राप्त होता है ईश्वर का प्रसाद या आशीर्वाद समझकर संतृप्त रहते हैं|

जो भी उपासक ईश्वर को जिस भाव से मानते हैं परमात्मा उसे वैसे ही प्राप्त होते हैं, ये हम पर निर्भर करता है कि हम साकार (प्रतिमा समक्ष), अल्प रूप में या निराकर (सर्वव्यापी) सम्पूर्ण रूप में भक्ति करें|

ईश्वर को सभी लोग प्रिय ही है मगर कुछ ऐसे सच्चे भक्त होंगे जिनको ईश्वर सर्वश्रेष्ठ मानते हैं| ईश्वर का वो सर्वश्रेष्ठ भक्त कौन होता होगा? कैसे रहता होगा? उसके आचरण कैसे होंगे ? इन प्रश्नों का उतर भी हमें इस अध्याय से मिलता है|

परब्रम्ह का असली भक्त प्रकृति के नियमानुसार ही कर्म करते हैं और ऐसे कर्म करने वाले भक्त ईश्वर को प्रिय होते हैं तथा भक्त और ईश्वर के बीच बहुत ही सुन्दर सा रिश्ता बन जाता है| परमात्मा के प्रिय भक्त निस्वार्थ भाव से ममता रहित, सुख दुःख में समान भाव वाला, क्षमा करने वाला, त्यागी, शत्रु मित्र में समान भाव वाला, मान अपमान में सम हो, स्थिर बुद्धि, भक्तिमान, धर्ममय, निंदा या प्रशंसा को समान समझने वाला, मननशील, मैं, मेरा, हमारा आदि ऐसा भाव न रखने वाला होता है| जो छः विकार (काम, क्रोध, लोभ, मोह, मद, मत्सर) को त्यागा हो, जो भी प्राप्त है उसको पर्याप्त मानकर मितभाव से रहता हो, ऐसे ही लोग परमात्मा के प्रिय परमभक्त बन जाते हैं|

इतने सतगुणों से युक्त व्यक्ति जो ईश्वर का प्रिय हो, उसके व्यवहार तथा आचरण भी ईश्वर जैसे ही दीखते हैं| ऐसे परब्रम्ह प्राप्त व्यक्ति को आम भाषा में ईश्वर के समान माना जाता है| अतः प्रकृति के नियमानुसार कर्म कर के ईश्वर के प्रिय बन जाते हैं और उनके गुणों का प्रभाव हमारे अन्दर भी जागृत हो जाता है जो जगत कल्याण हेतु होता है|

90

क्षेत्र-क्षेत्रज्ञ विभाग योग

यह शरीर ही 'क्षेत्र' कहलाता है और जो इसको जनता है, उसे तत्व ज्ञानी लोग 'क्षेत्रज्ञ' कहते हैं।

इस अध्याय में क्षेत्र एवं क्षेत्रज्ञ का वर्णन है। शरीर को क्षेत्र कहते हैं क्योंकि इसमें पाप और पूण्य की खेती होती है इसलिए इसको क्षेत्र कहा गया है। क्षेत्रज्ञ है जीव चैतन्य जो परमात्मा का ही अंश है। पांच महाभूत (पृथ्वी, जल, अग्नि, वायु और आकाश), अहंकार, बुद्धि व तीन गुण (सात्विक, राजसिक एवं तामसिक) की अवस्था आती है। इसके बाद पांच ज्ञानेद्रियाँ (शब्द, स्पर्श, रूप, रस और गन्ध) तथा पांच कर्मेन्द्रियाँ (वाणी, पाँव, हाथ, गुदा व लिंग) इन सबके ऊपर मन होता है। इच्छा, द्वेष, सुख, दुःख, संघात, चेतना और घृति यह सब मिलकर विकारोंवाला क्षेत्र बना है।

पहले अध्याय के पहले श्लोक में 'क्षेत्र' शब्द आता है। बहुत सारे ऐसे शब्दों एवं वाक्यों को सही से समझ नहीं पाने के कारण ही आज भी बहुत लोगों को गीता समझ में नहीं आती है। बहुत सारे लोग इसको एक आध्यात्मिक ग्रन्थ मानकर लाल कपड़े में बांधकर पूजा स्थल में रख देते हैं।

क्षेत्र यानि शरीर को क्षणिक, नाशवान कहा जाता है और क्षेत्रज्ञ को अविनाशी कहा जाता है। जिस प्रकार आकाश सूक्ष्म होने के कारण लिप्त नहीं होता वैसे ही देह अथवा शरीर में सर्वत्र स्थित आत्मा निर्गुण होने के कारण देह यानि शरीर के गुणों से लिप्त नही होता है।

प्रकृति और पुरुष दोनों अनादि हैं| विकार और गुण प्रकृति से ही पैदा होते हैं| जैसे आकाश सर्वव्यापक होते हुए भी सूक्ष्मता के कारण कहीं लिप्त नहीं होता, वैसे ही शरीर में रहकर भी आत्मा लिप्त नहीं होता जैसे सूर्य सम्पूर्ण जगत को प्रकाशित करता है ठीक उसी प्रकार आत्मा सम्पूर्ण क्षेत्र यानि शरीर को प्रकाशित करता है, यदि सूर्य ही नही रहे तो संसार नष्ट हो जायेगा ठीक ऐसे ही यदि आत्मा शरीर से निकल जाये तो शरीर भी नष्ट हो जायेगा|

सदैव क्षेत्रज्ञ पूजनीय होता है क्षेत्र नही, इस बात को हमें समझने की आवश्यकता है| आपने मंदिर देखा होगा जिसमें भगवान की प्रतिमा स्थापित रहती है, हम मंदिर की नही बल्कि मंदिर में स्थापित भगवान की पूजा करते हैं ठीक वैसे ही हमारा शरीर मंदिर है और आत्मा भगवान परन्तु हम सब अपने शरीर रूपी मंदिर में स्थित भगवानरूपी आत्मा का पूजा नही करते क्यों ?

यदि हम एक छाते को भी देखे तो समझ सकते हैं जैसे यह छाता एक धातु की छड़ी में लगे तीलियों के कारण ऊपर की ओर खुलता है और हमें धुप या बारिश आदि से बचाता है| यदि इसमें तीलियां ही न हो तो क्या छाता का कोई उपयोग होगा, नहीं ना? ठीक ऐसे जब तक शरीर में आत्मा है तभी तक इस शरीर का उपयोग है अन्यथा नहीं|

91

गुणत्रय विभाग योग

प्रकृति से उत्पन्न तीन गुण – सत, रज और तम, अविनाशी जीवात्मा को शरीर में बाँध देते हैं| सात्विक गुण निर्मल और निर्दोष है तथा प्रकाश देने वाला है| रजोगुण से राग, तृष्णा, लोभ और आसक्ति बढ़ती है| तमोगुण से प्रमाद और आलस्य बढ़ता है| सात्विक गुण जीव को सुख में प्रवृत्त करता है| जब लोभ, अशांति, अस्थिरता और विविध कार्यों को करने की प्रवृति हो तब रजोगुण बढ़ा समझना चाहिए| जब अज्ञान, आलस्य और मोह बढ़े तब तमोगुण बढ़ा समझना चाहिए| देह में विद्यमान इन तीनों गुणों को जो देही पारकर जाता है वह जन्म, जरा, और मृत्यु के दुखों से मुक्त होकर परमानन्द को प्राप्त होता है|

सात्विक गुण के कारण ज्ञान उत्पन्न होता है, चेतना, विवेकशक्ति बढ़ता है, सुख, वैराग्य, निर्मलता प्राप्त होता है तथा दिव्य स्वर्ग आदि लोकों को प्राप्त होता है|

राजसिक गुण के कारण लोभ, अशांति, स्वार्थ, विषय भोगो की लालसा बढ़ती है, दुःख प्राप्त होता है, निसंदेह लोभ उत्पन्न होता है तथा कर्मो की आसक्ति वाले मनुष्य योनियों में उत्पन्न होता है|

तामसिक गुण के कारण इन्द्रियों व अंतःकरण में अप्रकाश, कर्तव्य कर्मो में अप्रवृति यानि निद्रा, मोहनी वृतियाँ, व्यर्थ चेष्टा बढ़ता है, अज्ञान उत्पन्न होता है तथा कीट, पशु, मूढ़ योनियों में उतपन्न होता है|

हम जिनसे भी मिलते हैं सबके सोच विचार एवं स्वभाव एक दूसरे से एकदम अलग

रहने का कारण भी यही है| कोई बड़े विनम्र, दयावान, मददगार, अहंकार रहित, पांडित्य वाले लोग जिनके साथ बैठ कर हम आनन्द प्राप्त करते हैं|

कोई मतलबी, हर चीज़ों में कुछ न कुछ पाने की इच्छा वाले लोग, मोह ममता में फसे लोग जिनके साथ रहते रहते हम भी मतलबी बनने लगते हैं|

कुछ तो एकदम नीच स्वभाव वाले लोग, जो किसी से नहीं डरते, उल्टा सीधा काम करते रहते है और ख़राब से ख़राब जीवन जीते है ऐसे लोगो के संगत से हम लोग अज्ञानता से ढ़क जाते हैं|

एक दूसरे के व्यवहार में स्वभाव में बदलाव इसी तीन गुणों के कारण ही होते हैं, जैसा गुण वैसा ही स्वभाव|

राष्ट्रपिता महात्मा गाँधी जी लिखते हैं कि गीता में कई जगह तीनों गुणों का ज़िक्र आता है इसलिए उन्होंने स्पष्ट किया है की सात्विकता गुणातीत समीप से समीप की स्थिति है| इसलिए मनुष्यमात्र का प्रयत्न सात्विक गुण के विकास करने के लिये होना चाहिए| यह विश्वास रखे कि उसे गुणतीतता अवश्य प्राप्त होगी|

गाँधी जी आगे कहते हैं कि "अपनी अल्पता का दर्शन करना महान बनने का आरंभ है| अलग पड़ा हुआ समुद्र-बिन्दु अपने को समुद्र कहकर सूख जाएगा| परन्तु अपनी बिन्दुता को स्वीकार करें तो वह समुद्र की ओर प्रयाण करेगा और उसमें लीन होकर समुद्र बन जाएगा"|

"ईश्वर हमसे भिन्न है और अभिन्न भी है| भिन्न है क्योंकि वह सम्पूर्ण है, अभिन्न है क्योंकि हम उनके अंश हैं"|

92

पुरुषोत्तम योग

इस अध्याय में क्षर और अक्षर से परे अपने पुरुषोत्तम स्वरुप का बोध कराया है| यह विश्व एक अविनाशी बरगद वृक्ष की तरह है और इसकी जड़ें ऊपर की ओर हैं तथा शाखाएँ नीचे की ओर हैं| वेद इसके पत्तों की तरह हैं| ऐसे बरगद के पेड़ के रूप में जो इस संसार को देखता है, वह वेद (प्रकृति ज्ञान) को जानने वाला है| इस पेड़ का उद्गम तो परमात्मा ही है इसलिए इसकी जड़ें ऊपर की ओर हैं और इसकी शाखाओं का फैलाव इस सृष्टि में दृष्टीगोचर होता है, इसलिए इसकी शाखाएँ नीचे की ओर कही गयी हैं|

जिसने मोह-माया का त्याग किया है, जिसने आसक्ति से होने वाले दोषों को दूर किया है, जो आत्मा में नित्य निमग्न है, जिसके विषय शान्त हो गए हैं, जो सुख-दुःख रुपी विचारों से मुक्त है वह ज्ञानी अविनाशी पद को पाता है|

शरीर में जीवात्मा परमात्मा का ही सनातन अंश है | जब यह जीवात्मा शरीर छोड़ता है या धारण करता है तब वह उसी तरह मन के साथ इन्द्रियों को ले जाता है जैसे वायु फूलों से सुगंध को साथ ले जाता है|

कर्मों के अनुसार हम तीन योनियों में जन्म लेते हैं, मनुष्य योनि, देव योनि तथा नीच योनि| मनुष्य योनि ही एक मात्र ऐसी योनि है जो कर्म योनि में आता है बाकि सभी भोग योनि हैं| अतः मनुष्य के कर्मानुसार ही उसे फल प्राप्त होता है तथा उत्तम या नीच कुल में फिर वो आत्मा शरीर धारण कर लेता है| हम अपने जीवन में यह देख सकते हैं की हर बच्चे का जन्म अलग अलग परिवार में एवं अलग

अलग वातावरण में होता है| कुछ बच्चों को देखकर आश्चर्य भी होता कि इतने कम उम्र में ऐसा अत्भुत ज्ञान कैसे? ये देखने में शरीर से छोटे होते है किन्तु हो सकता है ये आत्मा के स्तर पर हमसे बड़े हों, उन्होंने कई जन्म लियें हों, उनके पिछले जन्म के ज्ञान व संस्कार के कारण ऐसे हों, जैसे भारत की वंडर गर्ल जाह्नवी पंवार और भारत का गूगल बॉय कौटिल्य पंडित आदि बच्चें| वातावरण का प्रभाव अपने जीवन में भी झलकता है|

सूर्य, चन्द्र या अग्नि में जो तेज है वह सब उस परमात्मा का ही तेज है| वह प्राणियों के शरीर में जठराग्नि बनकर अन्न को पचाते हैं| यदि कोई रोग होगा तो वह शरीर के जाँच से पता चल जाता है कि किस भाग में कौन सा रोग है और देखा भी जा सकता है किन्तु हमारे विचार, सोच, गुण, व्यवहार आदि को शरीर के किसी भाग में नही देखा जा सकता क्योंकि वह आत्मा से जुड़ा होता है शरीर से नही| इसलिए कहते हैं की पुरुषोतम परमात्मा एवं जीवात्मा ही सारे जग में एवं अपने अन्दर एक दिव्यांश के रूप में विराजमान है और इसके बारे में जानना एवं समझने को ही असली ज्ञान प्राप्त करना कहते हैं|

93

देवासुरसम्पद्विभाग योग

मनुष्य के मन में उत्पन्न होने वाले अच्छे एवं बुरे विचारों के बारे में इस अध्याय में बताया गया है।

अच्छे सोच विचार, चिन्ताएं एवं अच्छे लोगों से संपर्क (सत्संग) हमें कई सारे अच्छाईयां एवं अपने सद्गुणों (दैविक सम्पत्ति) को बढ़ाने में मदद करता है। इसी तरह बुरे विचार, चिंताएं एवं बुरे लोगों से संपर्क (दुसंग) हमें कई बुराईयों (आसुरीय संपत्ति) के ओर ले जाता है।

अपने सोच, विचार, व्यवहार, एवं कर्मों से आसुरिय संपत्ति को कम या खत्म करने एवं दैविक संपत्तियों को बढ़ावा देकर अपने जीवन को सार्थक एवं समाज में कल्याणकारी काम करने के लिए निम्न बातों का ध्यान रखने के लिए बताया गया है :

बिना भय यानी डर से जीना सीखिये। खुद अपनों के बारे में एवं अपने शरीर के बारे में सोचते रहने से दुःख दर्द ज्यादा होता है। अगर अपने दुःख-दर्द एवं सारी व्यथाएं भगवान को अर्पित करके भगवद् चिंतन में जीने से जीवन में भय या डर से मुक्ति मिलती है।

जितना हो सके मन को शुद्ध बनाके रखने की कोशिश करनी चाहिए तभी स्वार्थ चिंता से मुक्त होकर मन में भगवद् चिंतन उत्पन्न हो सकती है।

गुरुजनों से निरंतर ज्ञान लेते रहना चाहिए ताकि मन की शंकाएं दूर हो सके और हमें हमेशा ये ज्ञात होता रहे की हम सिर्फ एक शरीर ही नहीं है, यह एक आत्मा रुपी शरीर है, बिना आत्मा के शरीर का कोई अस्तित्व ही नहीं|

हम जिस चीज़ से समृद्ध है, उसमें से एक भाग दान भी देते रहना चाहिए, ताकि ईश्वर से मिले इस आशीर्वाद से और लोगों का भी कल्याण हो| इस तरह करने से अपनी स्वार्थ भावना भी कम हो जाती है|

जितना हो सके इन्द्रियों को नियंत्रित रखने का प्रयास करना चाहिए ताकि दुसंग यानी आसुरीय स्वभाव हम पर हावी न हो सकें|

हर काम को सेवा भाव से ईश्वर को समपर्पित करके करते रहना|

निस्वार्थ सेवा भाव को बढ़ावा देने के लिये निरंतर गीता जैसी अच्छी किताबों का अध्ययन करते रहना|

हर काम को करने के लिए शरीर एवं मन में उत्पन्न ऊर्जा का सही उपयोग करना यानी समय एवं कर्मों का सदुपयोग करना|

कितना भी अपना काम हो या नाम हो मगर हर परिस्थिति में अपने को सरल, संयम एवं विनम्र रखना|

मन से, वचन से या कर्म से किसी को दुखी न करना|

बुद्धी को स्थिर रखकर सत्य आचरण का पालन करना|

उम्मीद एवं इच्छाओं पर लगाम देकर क्रोध करने से बचना, क्योंकि क्रोध से जाने अनजाने में हमलोग बहुत गलत काम कर जाते हैं|

दूसरों के ख़ुशी एवं कल्याण के लिए कभी कभी थोड़ा बहुत हमें अपने सुख सुविधाओं का त्याग करना|

भगवत् स्मरण से मन को शांत बनाये रखना|

स्वार्थ लाभ के लिए गलत तरीकों को न अपनाना।

दुखी लोगों को देखकर अपने अन्दर भी दुखी एवं करुणा जागना।

दूसरों के चीज़ों को प्राप्त करने का मोह न होना।

सभी लोगों से अत्यंत तन्मयता एवं प्रेमयुक्त व्यवहार।

लक्ष्य से कभी पीछे न हटना।

बुद्धि शक्ति को हमेशा बनाये एवं बढ़ाए रखना।

दूसरों द्वारा अपनों पर किये हुए बुरे व्यवहारों से अपने अन्दर उत्पन्न घृणा को त्यागकर उन लोगों को क्षमा करके सामान्य अवस्था को प्राप्त करना।

किसी भी अच्छे काम को करते समय उत्साह बढ़ाए एवं बनाए रखना।

अपने अन्दर मन को एवं शरीर को शुद्ध बनाये रखना।

जानबूझकर किसी के साथ किसी भी तरह का अत्याचार मत करना।

घमंड को त्यागना।

अपने जीवन में अपने सोच-विचार, बात-व्यवहार एवं कार्य से उत्पन्न ऊपर बताये गए चीज़ों को भगवद्गीता के भाषा में दैवीक संपत्ति कहते हैं। निसंशय हम ये कह सकते हैं की जिनके पास यह दैवीक संपत्ति हो वो भगवत् गुणों से युक्त, कल्याणकारी एवं सभी लोगों के लिए प्रेरणादायक एवं सम्मानित व्यक्तित्व के धनी होंगे।

जो ऊपर दिए हुए चीज़ों के विपरीत चलने वाले होंगे वो आसुरिय प्रकृति या दुर्गुणों से युक्त होने के कारण समाज एवं जीवन में बहुत सारी कठिनाईयों का सामना करना पड़ सकता है, अशांत एवं असंतुष्ट जीवनयापन करके बार बार आसुरीय

योनी में जन्म लेकर कष्टदायी जीवन जीना पड़ जाता है|

ऐसे लोग काम, क्रोध, लोभ, मोह, मद, मत्सर, अहंकार में फंसकर अपने इच्छाओं एवं कामनाओं की पूर्ति के लिए किसी के साथ भी अन्याय एवं अनर्थ करने में तत्पर रहते हैं| वो लोग यह भूल जाते हैं की वो बस इस धरती में ईश्वर द्वारा दिया हुआ किसी भी क्षण नष्ट होने वाला नश्वर शरीर है| मगर अहंकार में वो लोग किसी के साथ भी बुरा करना, अपने अपनों से भी बैर रखना, कुछ भी गलत करके धन संपादन करना, उस धन को गलत चीज़ों में खर्च करना आदि अनेकों बुराईयों से घिरे रहते हैं|

जिस दिन वो लोग ये सारी आसुरीय प्रवृत्तियों को त्यागकर दैविक गुणों को अपनाना शुरू करते हैं, तब जाकर धीरे धीरे वो भगवद् गुणों से युक्त यानी भगवद् स्वरुप ही बन जाते हैं| इस दुनिया में हमारा हर काम किसी न किसी मनुष्य के (एक दूसरे की) मदद से ही संभव हो सकता है| मतलब अच्छे गुणों से युक्त मनुष्य ही इंसान, समाज, देश, दुनिया एवं इस विश्व के लिए कल्याणकारी कार्य कर सकता है|

94

श्रद्धात्रय विभाग योग

इस अध्याय में शास्त्र विधि के अनुसार हर कर्म को करने के बारे में कहा गया है अर्थात प्रकृति नियम के विपरीत अपने स्वार्थ लाभ के लिए ऐसा कोई कर्म न करें ऐसे करने से जीवन कष्टदायी हो सकता है|

यहाँ पर भी तीनों गुणों (सात्विक, राजसिक एवं तामसिक) के अनुसार ही लोगों द्वारा कर्म करने के बारे में कहा गया है, जिसमें श्रद्धा के महत्व के बारे में समझाया गया है| अपने अपने संस्कार एवं स्वभाव के अनुसार ही श्रद्धा भी होती है|

सात्विक गुणों वाले लोग अपने श्रद्धा से देवों को पूजते हैं| रजस गुण वाले लोग जल्दी फल मिलने के लिए यक्ष या राक्षसों को पूजते हैं|

तमस गुण वाले भूत प्रेतों का पूजा करते है, ये लोग किसी भी तरह का शास्त्र विधियों को नहीं मानते हैं| अपने अंदर विद्यमान ईश्वरीय चैतन्य को नकार करके अहंकार में अपना शरीर ही सब कुछ है यह मानकर पूजा वगैरह करते हैं|

भोजन, सेवा, तपस (आचरण) एवं दान मेंश्रद्धा के महत्व को निम्न रूप से बताते हैं :

भोजन

मन को शुद्ध रखने वाले, स्वस्थय के लिए फलदायक, मन को आनंद एवं शान्ति

प्रदान करने वाले शुद्ध भोजन को सात्विक भोजन कहते हैं| ज्यादा कड़वा, खट्टा, तीखा, ज्यादा नमक वाला, मसालेदार भोजन को रजस भोजन कहते हैं| ऐसा भोजन दुःख-दर्द एवं बीमारी देने वाला है| बासी, दुर्गन्धयुक्त, अशुद्ध भोजन को तामसिक भोजन कहते हैं|

सेवा

प्रकृति नियम के अनुकूल निस्वार्थ भाव से करने वाले सेवा को सात्विक सेवा कहते हैं| फल के इच्छा के साथ, दिखावे के लिए, अहंकार से एवं स्वार्थ भाव से करने वाले सेवा को राजसिक सेवा कहते हैं | प्रकृति नियमों के विपरीत बिना दान, दक्षिणा एवं अश्रद्धा से या छल-कपट से करने वाले सेवा को तामसिक सेवा कहते हैं|

तपस (आचरण)

ईश्वर, गुरु एवं श्रेष्ठ ज्ञानी लोगों का आदर करना, मन एवं शरीर को शुद्ध रखना, बात एवं कर्म में सरल स्वभाव रखना, मन को ईश्वर में अर्पण रखना, नींद, भोजन इत्यादि में संयम रखना, अपने कड़वे वचन से या दुष्कर्म से किसी का भी बुरा न करना, ऐसे अच्छे मूल्यों के आचरण से जीवन जीने को शारीरिक तपस कहते हैं|

किसी के भी मन को दुखी करने वाले बातों को न कहना, अपने बुद्धि को हमेशा सच में स्थिर रखना, आपने कर्मों को सच्चे मन से करते रहना, प्रेम पूर्वक एवं सरलता से सकारात्मक बातों को करने की आदत डालना, अध्यात्म एवं शास्त्र से जुड़े अच्छे किताबों का निरंतर अध्ययन करते रहना आदि को वांग्मय यानी बातों का तपस (आचरण) कहते हैं|

हमेशा खुश रहना, सरल व्यवहार रखना, बात विवादों में न पड़कर ऐसे जगह मौन रहना, दिनचर्या में नियंत्रण रखना, हर एक चीज़ों में ईश्वर के चेतना को महसूस करने की हृदय शुद्धी प्राप्त करना आदि मूल्यमय आचरणों को मानसिक तमस कहते हैं|

बिना फल के इच्छा से श्रद्धा से, नियमानुसार कोई कार्य करने को सात्विक तपस कहते हैं, ऐसे लोग अपनी इन्द्रियों से ज्यादा ऊर्जा व्यय किये बिना उत्साह एवं शान्ति से हर कार्य को सफल बनाने में सक्षम हो जाते है|

अपना नाम करने के लिए दिखावे और अहंकार से जो कार्य करते हैं उसे राजसिक तपस कहते हैं | ऐसे लोगों को अक्सर विषाद अवस्था को झेलना पड़ जाता है|

बिना किसी सोच विचार के, शरीर को अत्यंत पीढ़ा देकर दूसरों को हानि केलिए करने वाले कार्य को तामसिक तपस कहते हैं| ऐसे लोग खुद केलिए एवं दूसरों केलिए कई तरह के परेशानियों को आमंत्रित करते है|

दान

निस्वार्थ भाव से सही व्यक्ति को सही समय सही जगह अच्छे भाव से देने वाले दान को सात्विक दान कहते हैं | इसके विपरीत जो भी दान होगा वह राजसिक या तामसिक दान माना जायेगा|

जो यज्ञ, तप, दान या दूसरा कार्य बिना श्रद्धा के किया जाता है वह असत् कहलाता है| वह न तो इस लोक में हितकर है न परलोक में| यज्ञ, तप, दान आदि सभी सत्कर्मों को श्रद्धा पूर्वक करके परमात्मा को अर्पण कर देना चाहिए|

95

सन्यास योग

राष्ट्रपिता महात्मा गांधी जी कहते हैं कि "इस अध्याय को उपसंहाररूप मानना चाहिए| 'सब धर्मों को तज कर मेरी शरण ले' यह इस अध्याय का प्रेरक मन्त्र कहा जा सकता है| यह सच्चा सन्यास है, परन्तु सब धर्मों के त्याग का मतलब सब कर्मों का त्याग नहीं है| परोपकार के कर्मों में जो सर्वोत्कृष्ट कर्म हों उसे परमात्मा को अर्पण करना और फलेच्छा का त्याग करना, यह सर्वधर्म त्याग या संन्यास है|"

काम्य कर्मों को छोड़ना ही सन्यास है| सब कर्मों के फल का त्याग ही त्याग है| कर्तव्य कर्मों को स्वरुप से न त्यागकर उनके करने में फल की इच्छा हो तो उस इच्छा को त्यागना ही सात्विक त्याग है|

जो आसक्ति और अहंकार रहित है, जिसमें दृढ़ता और उत्साह है, जो सफलता-निष्फलता में हर्ष-शोक नहीं करता वह सात्विक कर्ता कहलाता है|

जो अकुशल कर्म से द्वेष नहीं करता और कुशल कर्म में ममता नहीं रखता, उससे लिप्त नहीं होता, वही सत्वगुण से युक्त पुरुष संशयरहित, बुद्धिमान और सच्चा त्यागी है| कर्म का सर्वथा त्याग देहधारी के लिये संभव नहीं है इसलिए जो कर्मफल का त्याग करता है वही त्यागी कहलाता है|

सात्विक गुण वह है जिसमें आरम्भ में तो बहुत कष्ट मालूम होता है पर परिणाम बहुत सुखद होता है| इसके आचरण से मनुष्य प्रसन्न रहता है और दुःख का अन्त हो जाता है| इन्द्रियों और उनके विषयों के संयोग से प्राप्त होने वाला सुख रजस

कहा जाता है| यह पहले तो बड़ा आकर्षक लगता है पर अंत में दुःखद होता है और अतृप्ति बनी रहती है| जो शुरू में और परिणाम में भी मोहनेवाला है वह आलस्य और प्रमाद से उत्पन्न हुआ सुख तमस कहा गया है|

हम जब भी कुछ करने जाते है तो कुछ न कुछ तो त्यागना ही है, युद्ध के दौरान सभी सैनिक आपके शत्रु नही होते हैं, इसमें कितने ही सैनिक बिना कारण के भी मारे जाते हैं, तो इसका ये अर्थ नही हुआ कि आप युद्ध करने ही न जाये, युद्ध का त्याग कर दें| यह त्याग भी तीन प्रकार से है पहला त्याग द्वेषरहित, पूर्णतः विलीन नही होता, समभाव से कर्तव्य को करने वाले को पाप भी नही लगता ऐसे त्यागी को सात्विक त्यागी कहा जाता है| दूसरा त्याग भय से छोड़े गये कर्म को कहते है ऐसे त्यागी को राजसिक त्यागी कहा जाता है| तीसरा त्याग मोह के कारण छोड़े गये त्यागी को तामसिक त्यागी कहा जाता है| एक तो मुख्य कारण है ज्ञान का क्योंकि सात्विक गुण वाला व्यक्ति आत्मा और ईश्वर को सब में मानता है तथा समानता के भाव से देखता है| राजसिक गुण वाला व्यक्ति सबमें ईश्वर को नही देखता है तथा अलग अलग व्यक्ति को मानता है| तामसिक गुण वाला व्यक्ति शरीर समझता है, स्त्री पुरुष को अलग अलग दृष्टि से देखता है|

सर्वहित में, ईश्वर के हित में जो अच्छा कर्म हो वह सब कर्म करते रहिये क्योंकि बिना कुछ किये तो जीवन ही नहीं है| जब अपने अन्दर इतने सारे गुण हैं , खूबियाँ हैं तो उसका उपयोग तो करेंगे ही, धन दौलत सब अपने आप आयेगा, उसका भोग भी करिए, आनंदित भी रहिये, दूसरों के भलाई के लिए जो भी हो सके करते रहिये| सर्व हित में, सात्विक गुणों से युक्त अपने जीवन युद्ध में हमें आगे बढ़ने से रोकने वाले हर नकारात्मकता को जीतकर श्रेष्ठ बनने का ज्ञान प्राप्त करते रहिये| किसी के भी बात से, या कोई वस्तु प्राप्त न होने पर विवश या विषाद में मत रहिये|

मनुष्य अपने व्यापार, अपने पेशे द्वारा ईश्वर की पूजा करके सिद्धि प्राप्त कर लेता है| गीता कर्म छोड़ने को या बदलने को नहीं कहती| जो काम हम करते हैं अगर सर्वहित कर्म है तो उसी को निष्ठा से करो, ईश्वर को प्रिय करने के लिये करो, यज्ञ समझकर करो| व्यभिचार, चोरी, कपट, धोखा आदि कर्म किसी का स्वकर्म नहीं हो सकता| अपने अपने स्वकर्म से ही हमें सिद्धि प्राप्त होगी, जिसके लिये घर त्यागने की या किसी आश्रम जाने की ज़रूरत नहीं है| हमें अपने स्वधर्म कर्मों से श्रेष्ठ बनना है|

गीता हमें अपने कार्य बदलने को नहीं बल्कि भावना को बदलने को कहती है| भावना बदलने से कर्म करने का ढंग बदल जाएगा और हम नयी उमंग एवं प्रेरणा के साथ हर कर्म ईश्वर की अर्चना समझकर करने लगेंगे|

सिद्धि समय आने पर मिलेगी पर शान्ति और संतोष तो कर्तव्य स्वधर्म आचरण करते ही मिलने लगते हैं, जैसे मकान की खिड़की खोलते ही सूर्य का प्रकाश अन्दर आ जाता है|

कर्म अपने में छोटा बड़ा नहीं होता, भावना ही उसे हीन या महान बना देती है|

गीता में श्रीकृष्ण अर्जुन को ज्ञान, कर्म और भक्ति का उपदेश दिया तथा कहा कि मनुष्य को राग-द्वेष त्यागकर स्वकर्म करते रहना चाहिए| गीता का उपदेश पूरा होने पर श्रीकृष्ण अर्जुनसे यह नहीं कहते की जैसे मैंने कहा वैसा ही करो बल्कि भलीभांति विचारकर फिर जैसी तेरी इच्छा हो वैसे ही करने को कहा गया है| खुद विचार करने एवं आचरण करने की स्वतंत्रता देते हैं|

बहुत लोगों के भ्रम का अंत उस जगह होता है, जहाँ कृष्ण अर्जुन से पूछते हैं कि 'क्या तुमने एकाग्रचित होकर सुना और क्या तुम्हारा मोह नष्ट हुआ?"

तब अर्जुन कहते हैं की आपकी कृपा से मेरा मोह नष्ट होगया है, स्मृति (बुद्धि) प्राप्त हुई और जो ज्ञान मिला है उसी का पालन करूंगा|

यहाँ अर्जुन न साधू हुए न भगवाधारी सन्यासी, बल्कि हर युद्ध करने का ज्ञान, बुद्धि एवं ऊर्जा प्राप्त हुआ|

जहाँ स्वधर्म बोध कराने वाले श्रीकृष्ण है और जहाँ तदानुसार आचरण करने वाले अर्जुन हैं वहां हर तरह का शाश्वत ऐश्वर्य एवं हर एक क्षेत्र में विजय होना सुनिश्चित है|

౭౨

रामचरितमानस

रामचरितमानस

रामायण की कथा सुनाती हैं प्रेम की गाथा, जो सत्य,
धर्म और सौहार्द का प्रतीक है।

96

रामचरितमानस

16 वीं सदी में तुलसीदास जी द्वारा रचित प्रसिद्ध ग्रंथ को रामचरितमानस कहा जाता है जो अवधी भाषा में लिखी गई है । रामचरितमानस की रचना का आरंभ रामनवमी के दिन, मंगलवार को विक्रम संवत् 1631 (1574 ई.) इसलिए अयोध्या में किया गया था। रामचरितमानस को लिखने में 2 वर्ष 7 माह 26 दिन का समय लगा था। तुलसीदास जी ने इस रचना को संवत 1633 (1576 ई.) के मार्गशीर्ष शुक्ल पक्ष में राम विवाह के दिन पूर्ण किया था।

रामचरितमानस को लोग तुलसी रामायण या तुलसीकृत रामायण भी कहते हैं। उत्तर भारत में इस आदित्य रामचरितमानस को रामायण के रूप में बहुत लोगों द्वारा प्रतिदिन पढ़ा जाता है।

रामचरितमानस में श्री राम जी को एक मर्यादा पुरुषोत्तम के रूप में दर्शाया गया है, जो भगवान विष्णु के अवतार हैं कहने का तात्पर्य है तुलसीदास जी ने श्री राम जी को सर्वशक्तिमान होते हुए भी मर्यादा पुरुषोत्तम कहा है। रामचरितमानस में गोस्वामी तुलसीदास जी ने श्री रामचंद्र के निर्मल तथा विश्व चरित्र का वर्णन किया है।

रामचरितमानस में कुल सात काण्डो का वर्णन किया गया है, जो निम्नलिखित प्रकार से हैं: बालकाण्ड, अयोध्याकाण्ड, अरण्यकाण्ड, किष्किन्धाकाण्ड, सुन्दरकाण्ड, लंकाकाण्ड (युद्धकाण्ड) और उत्तरकाण्ड।

छन्दों की संख्या के अनुसार देखा जाए तो बालकांड सबसे बड़ा काण्ड तथा किष्किंधा काण्ड सबसे छोटा काण्ड है। रामचरितमानस में अधिकतर अनुप्रास अलंकार का सुंदर रूप से प्रयोग किया गया है।

रामचरितमानस भारतीय संस्कृति में एक विशेष स्थान रखता है, जिसकी लोकप्रियता अद्वितीय है। रामचरितमानस में प्रत्येक हिंदू अपनी अनन्य आस्था रखता है तथा इसे हिंदू धर्म के पवित्र ग्रंथों में से एक ग्रंथ मानता है। इस ग्रंथ में श्री राम जी के सुंदर चरित्र वर्णन के माध्यम से नैतिकता व सदाचार की शिक्षा मिलती है। रामचरितमानस तुलसीदास जी द्वारा कृत सुदृढ़ कीर्ति स्तंभ है और यही कारण है कि तुलसीदास जी संसार के श्रेष्ठ कवि के रूप में जाने जाते हैं।

हनुमान चालीसा

97

हनुमान चालीसा

"हनुमान चालीसा" में प्रभु श्री रामचन्द्र जी के परम भक्त हनुमान जी के गुणों तथा उनके कार्यों के विषय में तुलसीदास जी ने लिखा है। हनुमान चालीसा भावपूर्ण वंदना है, इस अत्यन्त लघु कृति में हनुमानजी की बहुत ही सुंदर स्तुति की गई है। इस चालीसा में कुल चालीस चौपाई हैं जो अवधी भाषा में काव्यात्मक रूप से लिखी गई है। यहाँ चालीसा शब्द से चालीस यानी 40 का अभिप्राय है क्योंकि इसमें दो दोहो को छोड़कर 40 छंद हैं।

हनुमान चालीसा को तुलसीदास जी द्वारा लिखित बहुत ही शक्तिशाली स्तुति मानी जाती है। सम्पूर्ण भारतवर्ष में हनुमान चालीसा लोकप्रिय किन्तु विशेषरूप से सर्वाधिक प्रसिद्ध व लोकप्रिय उत्तर भारत में है। यह चालीसा लगभग समस्त हिन्दुओं को कण्ठस्थ होती है। हनुमान जी को वीरता, साहस, भक्ति, दया का प्रतिमूर्ति सनातन धर्म में माना जाता है। प्रभु हनुमान जी, भगवान शिवजी के रुद्रावतार माने जाते हैं।

हिन्दू धर्म के मतानुसार हनुमान जी को अजर अमर कहा जाता है। बंजरगबली, महावीर, मारुतीनन्दन, पवनपुत्र, केसरी नन्दन, संकटमोचन आदि अनेकों नाम से हनुमान जी को जाना जाता है। कहा जाता है कि प्रतिदिन चालीसा का पाठ करने व ध्यान करने से मानव के समस्त भय, कलेश, कष्ट, रोग आदि दूर होते है तथा मन में श्रेष्ठ ज्ञान, शुद्ध विचार व भक्ति भाव जागृत होती है ।

हिन्दू कवि, संत, दार्शनिक, रामभक्त गोस्वामी तुलसीदास जी ने रामचरित

मानस लिखा, जिसे स्थानीय अवधी भाषा में रामायण का एक पुनर्लेखन कहा जाता है। संस्कृत में मूल रामायण के रचयिता वाल्मीकि जी का अवतार तुलसीदास जी को माना जाता है।

हनुमान चालीसा लिखने के पीछे की एक कहानी बतायी जाती है, माना जाता है कि एक बार तुलसीदास जी को अकबर ने अपनी सभा में बुलाया था। अकबर ने तुलसीदास जी से कहा कि तुम जिस भगवान राम की इतनी भक्ति करते हो उनसे हमें मिलवाओ। अकबर को उत्तर देते हुए तुलसीदास जी ने कहा कि श्री राम केवल अपने भक्तों को ही दर्शन देते हैं। इतना शब्द सुनते ही अकबर को तुलसीदास पर क्रोध आया और उसने तुलसीदास को कारागर में बन्द करवा दिया ।

तुलसीदास राम नाम जपते हुए कारागार में चले गये और वहीं अवधी भाषा में हनुमान चालीसा लिखा। तुलसीदास जी के हनुमान चालीसा पूर्ण होते की फतेहपुर सीकरी को बन्दरों की पूरी सेना में घेरकर उस पर धावा बोल दिया| अकबर की सेना ने अपनी जी जान लगा दी बंदरों के आंतक को रोक ने के लिए किन्तु पूरी सेना असफल रही। थक हार कर आकार ने अपने मंत्री से राय माँगी, तब मंत्री ने परामर्श देते हुए तुलसीदास को काराबार से मुक्त करने को कहा। मंत्री के परामर्श को मानकर अकबर ने तुलसीदास को कारागार से मुक्त कर दिया। जैसे ही तुलसीदास जी कारागार से मुक्त हुए वैसे ही सभी बंदर वहाँ से वापस चले गए।

इस अद्भुत घटना के पश्चात तुलसीदास जी की महिमा दूर दूर तक फैल गयी। लोग उनका एक महान संत व कवि के रूप में सम्मान करने लगे।

हनुमान चालीसा में प्रभु राम के प्रति हनुमानजी की भक्ति के साथ हनुमान जी के रूप, शारीरिक बनावट, प्रताप तेज से लेकर उनकी श्रेष्ठ बुद्धि तक का वर्णन किया गया। कई लोग हनुमान चालीसा को हमेशा अपने पास सुरक्षा कवच व आशीर्वाद के रूप में रखते हैं।

उद्धरण एवं संदर्भ

इस पुस्तक में व्यक्त की गई विचारधाराएं केवल लेखक की हैं और किसी संगठन या व्यक्ति की राय को प्रतिबिंबित नहीं करती हैं। लेखक ने इस पुस्तक में प्रदान की गई जानकारी की सटीकता और पूर्णता को सुनिश्चित करने के लिए हर संभव प्रयास किया है।

यह पुस्तक व्यापक शोध और विश्लेषण के बाद लिखी गई है, जिसमें विभिन्न पुस्तकों का संदर्भ लिया गया है, साथ ही लेखक के अध्ययन और व्यावहारिक अनुभवों को भी शामिल किया गया है। लेखक ने इस पुस्तक का संक्षिप्त एवं मूल्यवान जानकारीयां इकट्ठा करने के लिए विभिन्न वेबसाइटों की भी संदर्भ लिया गया है।

लेखक ने सुनिश्चित किया है कि प्रस्तुत की गई सभी जानकारी सटीक है और स्रोतों को सम्मान देने के लिए उचित ढंग से उद्धरण किए गए हैं। हालांकि, हमारे सर्वोत्तम प्रयासों के बावजूद, मानवीय त्रुटियाँ अभी भी हो सकती हैं। यदि कोई पाठक इस पुस्तक में कोई भी त्रुटि पाता है, तो लेखक उनके सुझाव का सत्यापन सम्मानपूर्वक करते हैं और उन्हें इसकी सूचना देने के लिए प्रोत्साहित करते हैं।

ऐसा प्रतिक्रिया मूल्यवान है और लेखक भविष्य की संस्करणों में त्रुटियों को सुधारने और पुस्तक की सामग्री को सुधारने के लिए सभी आवश्यक कदम उठाएंगे। इस संदर्भ में आपकी समझ और समर्थन के लिए धन्यवाद।

लेखक भारतीय संविधान के अनुच्छेद 19(1)(a) द्वारा गारंटीत वाणी और प्रकाश की स्वतंत्रता के अधिकार का भी सम्मान करते हैं।

संपर्क सूत्र

डॉ. सचिन मिश्रा
संस्थापक: ब्रह्मराष्ट्र एकम्
एन-1/99-एल-प्लॉट नंबर 8, शिवराजनगर एक्सटेंशन
रानिपुर, वाराणसी - 221 010 (उत्तर प्रदेश), भारत
Mob.# 9935504660

|| लोकाः समस्ताः सुखिनो भवन्तु ||

www.ingramcontent.com/pod-product-compliance
Lightning Source LLC
Chambersburg PA
CBHW040137160726
48006CB00014B/1521